부자의 행동습관

일러두기

1. 원화 환산 환율은 1엔당 10원으로 통일하였다.
   예시) 100엔 → 1,000원

부의 에너지를 끌어당기는 행동의 법칙

부자의 행동습관

사이토 히토리 지음 · 이지수 옮김

다산
북스

이 책은 '행동의 소중함'에 대해
담고 있습니다

 꿈을 가지는 것이 중요하다고 생각하면서도, 실제 꿈을 이루기 위해 행동으로 옮기지 못하는 사람이 매우 많습니다. 또, 행동하려는 마음이 있어도 첫걸음을 내딛지 못하는 사람도 상당수입니다.

 "나도 그 생각 했었는데."

 이렇게 말해봤자 행동으로 옮기지 않았다면 아무것도 하지 않은 것이나 마찬가지입니다.

 이 책은 '꿈을 이루는 방법'과 '성공하는 방법', '문제를 해결하는 방법' 등의 꿈을 현실로 만들기 위한 구체적인 방법론을 다룹니다.

그런 다음 **'행동이란 무엇인가?'**에 대해 새롭게 고찰하고, 많은 사람들이 행동하지 못하는 원인을 알아본 뒤 행동으로 옮길 수 있는 방법에 대해서도 살펴봅니다.

마음속의 생각을 행동으로 옮기는 일은 엄청나게 중요합니다. 행복도 성공도 행동하지 않고서는 성취할 수 없습니다.

이 책이 여러분이 꿈을 향해 첫걸음을 내딛는 계기가 된다면 저자로서 그 이상의 기쁨은 없을 것입니다.

이 책에는 '신'이라는 단어가 나오지만 종교와는 전혀 관계가 없으니 마음 놓고 읽으셔도 됩니다. 그렇다고 종교를 부정할 의도도 없으므로, 당신이 믿는 종교가 있다면 자연스럽게 떠올리며 읽어주세요.

1장 부자의 생각

"나도 그 생각 했었는데."라고 머뭇거리고만 계신가요?

2장 부자의 해결책

"아직도 답답한 마음을 주변에 푸념만 하고 있나요?"

3장 부자의 행동습관

"당신만의 성공 방법을 찾았나요?"

4장 부자의 에너지

"'기운 난다!'라는 말의 힘을 아시나요?"

"나도 그 생각 했었는데."라고 머뭇거리고만 계신가요?

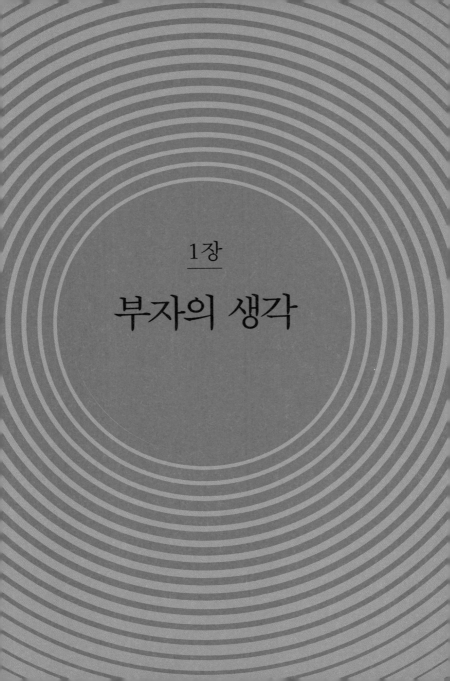

1장

부자의 생각

꿈은 목표로 삼는 순간
내 쪽으로 움직입니다

　부자의 행동습관에 대해 본격적으로 이야기하기 전에 두 가지 중요한 사항부터 말해 두겠습니다. 첫째, '꿈을 이루는 방법'과 둘째, '문제를 해결하는 방법'입니다. 먼저 1장에서는 '꿈을 이루는 방법'부터 살펴보겠습니다.

　만약 당신에게 '가나가와 현 가마쿠라의 바다가 보이는 신축 주택에 살고 싶다.'라는 꿈이 있다고 합시다. 그리고 그 꿈을 이루기 위해 '우선 하루에 3,000원씩이라도 돈을 모으자.' 등 현재 당신이 할 수 있는 행동을 실천하기 시작했다고 칩시다.

정말 매일 3,000원씩 저금을 하다 보면, '이런 곳에서 살고 싶어.' 또는 '저런 데서 살면 좋겠다.'라는 당신의 추상적인 꿈이 조금씩 구체적인 목표로 바뀌게 됩니다.

'꿈'이 '목표'로 변해가는 것.
이것이 핵심입니다.

설사 당신이 내심 '매일 3,000원씩이라면 평생을 모아도 모자라겠지.'라고 생각했더라도, 실제로 매일 3,000원씩을 모으는 실천을 통해 가까운 미래에 꿈이 당신 쪽으로 다가오게 됩니다.

꿈이 현실로 다가오다니 재미있는 얘기죠? 그것을 풀어 말하자면 당신의 행동을 통해 꿈이 스스로 실현되기 위한 다양한 아이디어를 제시하는 것입니다.

꿈이 당신에게 다가오는 과정은 이렇습니다. '똑같이 바다가 보이는 건물이라면 가마쿠라보다 지바가 쌀 거야.', '주택보다 아파트가 싸겠지?', '신축이 아닌 중고 중에서도 좋은 물건이 얼마든지 있을 것 같아.'와 같이 **당신의 꿈이 실현되기 위한 아이디어가 착착 나오는 것입니다.**

게다가 꿈을 이루기 위해 자신의 일에 몰입하게 되면 수입도 늘어날뿐더러, '가속의 법칙'이 작용해서 몇 년 뒤에는 정말로 꿈꾸던 집을 사게 될 수도 있습니다.

'언젠가 내 가게를 갖고 싶어.'라는 꿈을 가진 사람은 우선 자신을 고용해 주는 가게에서 열심히 요리나 기술, 경영을 배우며 경험을 쌓을 것입니다. 그러면 "좋은 자리가 비었는데 한 번 해 볼래?"라거나 "네가 이 가게를 이어 주면 좋겠다." 같은 식으로 기회가 찾아옵니다. **목표를 확실히 정한 사람에게는 반드시 꿈이 먼저 현실로 다가옵니다.**

만약 '꿈이 이루어지지 않는다.'는 사람이 있다면, 그 이유는 꿈을 그저 꿈인 채 끝내 버렸기 때문입니다.

하지만 꿈을 목표로 실천 가능한 일부터 꾸준히 해 나가면 반드시 그 꿈은 이루어집니다.

'뮤지션이 되고 싶어.'라는 꿈을 가진 사람은, 그 꿈을 위해 행동하며 기다리다 보면 실제로 때가 된 순간 뮤지션이 될 수 있습니다. 설사 뮤지션이 아니더라도 음악 지도자로서 재능을 발휘하는 사람이 될 수도 있고, 음반 프로듀서로 성공하는 사람이 될 수도 있습니다.

또한 그가 프로 뮤지션이 되지 못하더라도 목적지에 가는 도중에 만난 사람들과 행복해지거나, 중간에 다른 꿈을 품게 되어 그쪽으로 잘 풀리는 경우도 얼마든지 있습니다.

어쨌든 핵심은 **꿈을 실현시키기 위해 구체적으로 할 수 있는 일부터 시작하는 것입니다.** 아무리 먼 여정이라도, 한 걸음을 내디디면 반드시 그만큼 당신의 꿈에 가까워질 수 있습니다. 잊지 마세요.

'진짜 성공'은
성공이 계속 이어지는 것입니다

다음으로 '성공하는 방법'을 알려 드리지요.

꿈을 하나 이루었다고 해서 그것으로 끝이 아닙니다.

'진짜 성공'이란 성공이 이어지는 것이니까요.

저의 경우 '성공'이나 '대성공'밖에 없었으니 예전이나 지금이나 늘 성공이 이어지고 있다고 할 수 있겠지요. 그러면 어떻게 해야 저처럼 성공을 계속해서 이어나갈 수 있을까요?

예컨대 당신에게 10억이 필요하다고 칩시다. 10억은 10원짜리 동전 1억 개입니다. 달리 환산하면 1억짜리 다발이 10개이고 1,000만 원짜리 다발이 100개입니다.

평범한 사람들이 하는 일이 잘 풀리지 않는 까닭은 목표를 세우는 방법부터 서투르기 때문입니다.

평범한 사람들은 대체로 곧바로 '10억 모으기'라는 목표를 세웁니다. 그러고 나서 '아, 이건 안 되겠다.'라며 지레 포기해 버립니다. 실현하기 어려워 보이기 때문이지요.

그러나 무턱대고 10억부터 모으려 하지 말고, 우선은 1,000만 원 단위로 모아보면 어떨까요? 만약 10억을 모으고 싶다면 1,000만 원짜리 다발을 100개 모으면 된다고 생각하는 것입니다. 이렇게 하면 10억을 모을 때까지 목표 달성의 기쁨을 100번이나 누릴 수도 있습니다. 덧붙이자면, 목표를 100만 원으로 잡으면 그만큼 난이도가 낮아지니 목표 달성이 훨씬 쉬워집니다.

이 방법이나 저 방법이나 똑같지 않으냐고 반문할 수 있지만, 사실은 완전히 다릅니다.

작은 성공이라도 그것을 이어나가다 보면, '성공했다!'는 성취감이 뇌에 착착 스며들어 점점 자신감을 높여줍니다. 그러면 곧 '꿈은 이루어진다.'라는 말이 자신의 잠재의식 속으로 들어오게 됩니다.

사실 사람들 대부분의 꿈이 이루어지지 않는 이유는 '이룰 수 없는 꿈'을 꾸었기 때문입니다. 여러분이 정말 꿈을 이루고 싶다면 이룰 수 없는 꿈만 꾸어서는 안됩니다. 만약 당신이 이루기 힘들어 보이는 그 꿈을 반드시 이루고 싶다면, 우선은 그 꿈에 가까워지기 위한 **다른 작은 꿈을 품는 것이 중요합니다.** 그리고 다른 작은 꿈의 성공을 성취하며 당신이 바라던 그 꿈을 계속해서 이어나가세요.

꿈은 작게 시작하고,
노력을 크게 해 보세요

장사란 1,000만 원의 매상을 올리기 위해 목숨을 거는 일입니다. 그러다 보면 1,000만 원을 벌려다가 5,000만 원을 버는 경우도 종종 생깁니다.

샐러리맨으로 출세하고 싶다면, 우선 **"대리가 되기 위해 이렇게까지 노력한 사람은 자네 말고는 없을 거야."**라는 말을 들을 정도로 분발하세요. 그리고 대리가 되면 더 높은 곳을 향하는 게 아니라, 당신의 아랫사람에게 어떻게 하면 대리가 될 수 있는지 가르쳐 주세요.

이렇게 하면 당신의 후임이 생기고, 자연스럽게 당신은

대리보다 위의 직급으로 올라갈 수 있습니다. 실패하는 사람은 위쪽만 쳐다보고 발밑은 살피지 않는 사람입니다. 그래서 종종 보지 못한 장애물에 발이 걸려 넘어지지요.

또 하나 중요한 점은 **'이기는 습관 기르기'**입니다. 꿈을 이루지 못하는 사람은 **'지는 습관'**이 있습니다. 그러므로 이룰 수 없는 목표를 세워서는 안 됩니다.

목표란 '낮게' 세우는 것이 철칙입니다.
'꿈은 작게, 노력은 크게'를 명심하세요.
그러면 꿈을 금방 이룰 수 있을뿐더러 꿈을 이룬 후 또 다른 꿈을 가질 수 있습니다.

이런 식으로 작은 성공을 이어나가다 보면 당신은 자연스레 **'이기는 습관'이 붙고 천하무적이 됩니다.** 그러면 좋은 기운이 저절로 나에게 흘러들어오게 됩니다.

마음속 죄책감을 풀어야
새롭게 시작할 수 있습니다

　자신감이 없는 사람에게 "좀 더 스스로에 대한 자신감을 가지세요."라는 조언은 무의미할 뿐입니다. 오히려 해서는 안 될 말이지요. **왜냐하면 스스로에게 자신감이 없는 사람은 원래부터 '지는 습관'을 가지고 있기 때문입니다.**

　그런 사람들의 특징은, 이를테면 '○○년까지 영어회화를 능숙하게 할 수 있게 되기'나 '○○년까지 10억 모으기' 등의 목표를 세우는 것입니다.

　다시 말해 그들은 불가능한 일부터 목표로 삼습니다. 그러나 막상 시작하려고 하면 **'불가능한 일'**이 자신을 옥죕니다.

그렇기 때문에 일이 잘 풀리지 않는 사람들은 마음속에 죄책감이 가득합니다.

부모님과의 약속, 선생님과의 약속, 그리고 가장 중요한 자신과의 약속…….

그 약속들을 전부 지키지 못했다는 엄청난 죄책감이 마음속에 응어리져 있는 경우가 많습니다. 그러니 가장 먼저 그 죄책감부터 풀어 주어야 합니다.

가령 당신이 일기를 쓰려고 결심했다고 합시다. 그런데 막상 시작해 보니 작심삼일로 끝나 버렸습니다. 그러한 경우에는 "3일간 써 봤는데 나랑은 안 맞아서 그만뒀어." 라고 말하면 됩니다. "해 보니까 알겠더라."라고요.

그러는 대신 조용히 그만둔 후, '난 역시 끈기가 없어.' 라거나 '난 틀렸어.'라고 마음속으로만 생각하면 그것이 죄책감으로 변해 당신의 마음에 응어리가 생기게 됩니다.

남과의 약속도 자기와의 약속도 같은 이치입니다. 입을 다문 채 그만두면 약속을 지키지 못한 셈이 되어 스스로를 자책하게 됩니다. 이 점을 주의하세요.

실패도
일종의 성공입니다

만약 당신이 작심삼일형인 사람이라면 '일기를 나흘간만 쓰자!'라는 마음으로 시작하세요. 언제나 작심삼일로 끝나던 사람이 나흘 동안이나 일기를 연달아 썼다면 그걸로 이미 성공한 셈입니다. 당신이 전에는 못했던 일을 계속 해내는 경험을 쌓아야 합니다. 성공경험을 계속 쌓아나가지 않으면 성공한 사람이 되지 못할 테니까요.

실패하면 어떻게 하냐고요? 그로 인해 '이렇게 하면 안 된다.'라는 사실을 깨달았다고 생각하면 됩니다. 그것도 일종의 성공이니까요.

요컨대 본질적으로 말하면 실패란 없습니다. 단지 경험
이 있을 뿐이지요. '이렇게 했더니 이렇게 되었다.'라는 경
험에 지나지 않습니다.

우리는 일단 오늘의 경험을 통해 지혜를 얻고 다시 내
일을 향해 도전하면 됩니다. 그런다면 미래가 전혀 두렵
지 않습니다. 오늘의 도전은 내일의 경험으로 바뀝니다.
그렇게 24시간을 싸워나가는 겁니다.

저는 지금까지 한 번도 진 적이 없습니다. 질 것 같은
느낌도 들지 않았습니다. 우리는 지기 위해 이 세상에 태
어난 것이 아닙니다. 만약 진다 하더라도, 단지 **'자기 자신
에게 진 것'**입니다.

상대가 강해서 지는 경우는 결코 없습니다. 자기 자신
이 약해서 지는 것입니다. 그럴 때는 스스로를 바꾸어 나
가면 됩니다. '지는 습관'을 '이기는 습관'으로 바꾸면 됩
니다.

실패하는 이유는 나 자신이 미숙하기 때문입니다.

그리고 나에게 실패와 경험이 필요하기 때문입니다.

아직은 나에게 그 일에 실패할 만큼의 실력밖에 없었기 때문입니다.

하지만 그러한 경험을 통해 이제는 '이렇게 하면 실패한다.'는 점을 배웠습니다. 그렇다면 그 점을 고치고 다시 도전하면 됩니다.

마지막에 이기는 자는 나 자신입니다.

백 번 져도 괜찮습니다.

마지막에 이겨야 진정한 승리입니다.

'생각'에는
엄청난 힘이 숨겨져 있습니다

인간은 원숭이로부터 진화했다지만, 원숭이는 새를 보고도 그저 '새'라고 인식할 뿐 그 이상은 생각하지 않습니다. 하지만 인간은 새를 보고 '나도 날고 싶다.'라고 생각합니다.

'하늘을 날고 싶다.'는 인간의 생각이 비행기를 만들고 제트기를 만들었으며, 로켓도 만들었습니다. 그런 일을 할 수 있는 존재는 인간뿐입니다.

우리의 생각에는 엄청난 힘이 있습니다.

'신'은 우리에게 그런 힘을 선사해 주었습니다.

하지만 그 사실을 모르는 사람도 상당수입니다. 신이 우리에게만 부여한 그 힘을 쓰지 않은 채 죽는 사람이 대부분입니다. 저는 책에 항상 이렇게 씁니다. 인간이 하는 '생각'은 엄청나다고 말입니다. 인간의 '생각'이 결국 지금의 현실 세계를 만들어 왔으니까요.

그 사실을 알면 **누구라도 '생각'의 엄청난 힘을 깨쳐서 많은 일을 할 수 있게 됩니다.** 하지만 자신에게 내재된 엄청난 힘을 믿지 않는 사람들이 무척 많습니다.

'생각의 힘'을 믿지 않는 사람은 이 책을 읽고서도 "히토리 씨는 특별하니까."라고 말하겠지요.

하지만 그건 틀린 말입니다.

신은 **'특별한 인간'**이라는 존재를 만들지 않습니다. 당신도 나도 모두 **'똑같은 인간'**일 뿐입니다. 그러나 우리 인간이 가지고 있는 생각의 에너지는 엄청납니다. 인간이 신념에 불타오를 때는 정말로 굉장한 파워가 나옵니다.

제가 만든 '긴자마루칸'이라는 회사는 거품경제 붕괴 후에도 '리먼 쇼크' 때도 실적이 계속해서 늘었습니다. 그럴 수 있었던 이유는 **저에게는 '마루칸은 계속 성장한다.'라는 신념이 있었기 때문입니다.**

따라서 '마루칸은 계속 성장한다.'라는 신념을 표출하는 것이 저의 일입니다. 제가 이 신념을 표출하는 한, 마루칸은 계속 발전해 나갈 수 있습니다. 저는 그렇게 믿습니다.

마음속의 신을 불러내면
기적이 이루어집니다

우리는 때로 '이런 게 가능할 리 없겠지.' 싶은 일도 기적처럼 해내곤 합니다. 어째서 그런 일이 가능하냐고 묻는다면, 믿기 힘들겠지만 우리 마음속에는 '신'이 있기 때문입니다.

우리의 생명은 신의 '분신'입니다.

간절한 소망이 이루어지는 이유도 '신'이 마음속에서 그 소망을 들어주기 때문이지요.

이 신은 돈도 받지 않으면서 오로지 우리를 위해 일합니다.

신은 지구를 만들고, 공기를 만들고, 물을 만들고, 녹음을 만들고…… 우리에게 필요한 온갖 것들을 만들어 줬으면서도 대가를 바라지 않습니다. 단돈 한 푼조차 가져가지 않습니다. 그에 대해 우리는 감사해야 합니다. 신은 마음속에서 우리가 내는 **'감사의 목소리'**를 귀 기울여 듣고 있습니다.

저는 신이 정말 좋습니다.

신에 대해 생각하는 것이 정말 좋습니다.

신이 한 사람 한 사람의 내면에 깃들어 있다는 사실을 느끼는 것이 정말 좋습니다. 그러니 제가 할 수 있는 일이 설령 미약할지라도 그것을 통해 '신의 존재'를 증명해 보이고 싶습니다.

'긴자마루칸'의 정식 명칭은 '긴자일본한방연구소'입니다. '연구소'라고 부르지만 회사에는 연구원이 한 명도 없습니다. 저 또한 연구를 하지 않고요. 그런데도 긴자마루칸은 신제품을 발매하면 모든 제품이 대박 혹은 초대박이 납니다. 실패는 단 한 번도 없었습니다.

우리 회사는 파트 타이머를 포함해서 사원이 딱 다섯 명뿐입니다. 게다가 제 학력은 여러분이 아는 바대로 중졸입니다. 그런 제가 '납세액 1위', '일본 최고 부자'로 이름을 알리게 되었습니다.

저는 앞으로도 **'상상 이상의 기적'**을 일으키며 신이 있다고 믿을 수밖에 없는 일들을 해 나가고 싶습니다. 그리고 신의 존재를 증명하고 싶습니다.

생각이 가난하면
결코 부자가 될 수 없습니다

에도시대의 일본 인구는 1천 800만 명 정도였습니다.

그런데 지금은 이 좁은 국토에서 약 1억 2,000만 명의 사람이 굶지도 않고 풍요롭게 살고 있습니다. 여름에는 냉방이, 겨울에는 난방이 되고 맛있는 음식을 배불리 먹을 수 있는 환경 속에서 살아갈 수 있다니 정말 감사한 일이지요. 과거에는 일본의 모든 국민이 쌀밥을 먹는 광경을 상상조차 하지 못했습니다.

옛날의 일본은 왜 그렇게 가난했을까요? 그 이유는 지배층의 사고방식이 가난한 경우도 있었으나, 가난한 사고방식을 가진 사람들도 많았기 때문입니다.

아프리카에는 여전히 굶어 죽는 사람들이 많습니다. 그러나 그곳 지배층이 탱크나 무기를 살 돈으로 음식을 산다면 기아에 허덕이는 수많은 아프리카인을 구할 수 있습니다.

또 아프리카의 땅 속에 묻혀 있는 다이아몬드를 비롯한 수많은 천연자원을 어떻게 활용하느냐에 따라 기아에 허덕이는 수많은 아프리카인을 구할 수도 있습니다. 이러한 모든 일은 그 곳의 지배층의 사고에 달려 있습니다.

거품경제 붕괴 이후에도 일본의 무역 흑자가 이어졌다는 사실은 일본의 돈이 거품경제기 때보다 늘어났다는 것을 시사합니다.

하지만 당시 일본의 많은 사람들이 '지금은 불황기'라고 믿었습니다. 따라서 그들은 가급적 돈을 쓰지 않았습니다. 저는 그 점이 문제라고 생각합니다.

우리 회사는 거품경제기 이후에도 쭉 실적이 좋았습니다. 왜냐하면 저 자신이 이 세상을 가난하거나 괴로운 곳이라고 여긴 적이 없기 때문입니다.

인간이 생각하는 파동은 실제 현실을 만듭니다. 그래서 저는 그 어느 때도 가난하다거나 힘들다는 생각을 하지 않습니다.

이 세상은 정말로 풍요롭습니다. 신이란 얼마나 너그러운지요.

저는 지금까지 '돈을 모으자!'라고 결심한 적이 없습니다. 쓰고 남은 돈이 모인 겁니다. 다 쓰지 못한 돈이 모였을 뿐입니다. 제게는 '**어려울 때를 대비해서 지금 돈을 모아 두자.**'라는 사고방식이 없습니다. 물론 돈을 모으는 것이 나쁘다는 뜻은 아닙니다. 하지만 가난한 사고방식을 경계해야 합니다. 가난한 사고방식으로는 부자가 될 수 없기 때문입니다.

생각이 가난하면 부자가 될 수 없습니다.
사람은 생각을 현실로 만드는 존재니까요.

사람은
자신이 뿌린 대로 거둡니다

저는 새로운 사람을 만나면, 그 사람들이 근심 걱정에서 벗어나 행복하고 풍요로워질 수 있는 이야기를 하려고 노력합니다.

도쿄의 신코이와에 있는 〈사이토 히토리의 팬이 모이는 가게〉에 들를 때도 마찬가지로 그곳에 있는 사람들이 행복하고 풍요로워질 수 있는 이야기를 들려줍니다.

상대가 한 명이든 천 명이든 제겐 같습니다. 똑같은 마음가짐으로 이야기를 들려줍니다. 그러면 제 이야기를 들은 모든 사람들이 풍요로워진 기분이 들겠지만, 사실은 그렇지 않습니다.

실제로 풍요로워지는 사람은 저 자신입니다. **'풍요로움의 씨앗'을 뿌린 사람은 저이므로, 그 열매를 수확하는 사람도 저인 것이지요.** 누군가가 밭에 씨앗을 뿌리는 광경을 바라보기만 하며, 자신의 밭에도 싹이 나지 않을까 하는 기대를 해 봤자 그런 일이 일어날 리 없습니다.

이와 마찬가지입니다. 제 이야기를 들은 사람들의 마음이 가벼워질 만한 '행복의 씨앗'을 뿌린 사람은 저니까, 열매도 제가 수확하는 것입니다. 다른 사람들은 제게서 들은 이야기를 저처럼 세상에 뿌리지 않는 한 열매를 수확할 수 없습니다.

저와 알고 지내기만 해도 무언가 좋은 일이 있을 거라고 기대하는 사람도 있지만, 당연히 그것만으로 좋은 일이 일어나지는 않습니다.

제게서 들은 이야기를 계기로 그 사람이 자신의 주변 사람들에게 씨앗을 뿌려야만 비로소 열매를 수확할 수 있습니다. 천 평분의 보리 씨앗을 뿌리면 천 평분의 보리가 자라고, 만 평분의 씨앗을 뿌리면 만 평분의 열매가 맺힙니다.

그러나 밭이라면 경작을 포기할 수도 있지만, 우리의 인생은 좋은 일이든 나쁜 일이든 자신이 뿌린 씨앗을 반드시 스스로 거두어들여야 합니다.

많은 사람들은 제 이야기를 듣고 행복을 느꼈다고 말합니다. 확실히 그 순간 행복해졌을지도 모르지요. **하지만 그것은 '착각'입니다.** 행복의 씨앗은 제가 뿌렸으니 열매를 수확하는 사람도 접니다.

그렇기 때문에 시간이 지나면 다시 행복의 기운이 빠져나가고, 그래서 "또 이야기를 들려주세요."라며 찾아오게 되는 겁니다.

저는 몇 번이고 기꺼이 그들에게 이야기를 들려줄 수 있습니다. 하지만 그들 스스로 씨앗을 뿌리지 않으면 그들 자신의 열매를 얻을 수는 없습니다.

남의 밭만 쳐다보며 아무것도 하지 않았는데 본인의 밭에서 열매를 수확할 수 있다고 여기는 것은 큰 착각입니다. 모처럼 행복의 씨앗을 얻었다면 스스로 뿌려서 길러야지요.

사랑이 부족한 이유는
사랑을 뿌리지 않았기 때문입니다

사람은 반드시 자신이 뿌린 대로 거둡니다.

그러므로 만약 당신에게 사랑이 부족하다면, 그건 '사랑의 씨앗'을 뿌리지 않아서입니다.

저는 매일매일 아주 즐겁게 삽니다. 바로 **'즐거움의 씨앗'**을 뿌려 두었기 때문이지요. 그래서 항상 웃는 얼굴로 지낼 수 있습니다. 만약 일상이 괴롭다면 틀림없이 자신이 **'고통의 씨앗'**을 뿌린 것입니다.

지금 당신에게 일어나는 일은 **과거에 당신이 뿌린 씨앗의**

열매입니다.

너도 나도 불황이라고 떠들지만 저는 한 번도 불황을 겪은 적이 없습니다.

'학력이 보잘것없으면 고생해.'라고 생각하는 사람은 스스로 '**고생의 씨앗**'을 뿌리고 있는 것입니다.

저는 중학교도 제대로 다니지 않았으니 '중졸'이라고 말하는 것만으로도 학력 위조가 아닌가 싶지만, **'사회에 빨리 나왔으니 이득이야.'**라는 씨앗을 뿌려 두어서 한 번도 고생한 적이 없습니다.

'경영의 신'으로 추앙받는 파나소닉의 창업자 마쓰시타 고노스케는 중학교조차 나오지 않았습니다.

에도시대의 사상가로, 궁핍한 농민의 아들로 태어났으나 항상 책을 읽어 일본 교육의 기초를 세운 니노미야 긴타로는 애초에 학교라는 곳을 가지 않았습니다.

훌륭한 사람은 스스로 위대해지는 법입니다.

일하는 방식을 바꾸면
즐거워집니다

일이란 종류를 막론하고 힘든 법입니다.

하지만 어떤 일이든 게임으로 바꾸면 즐거워집니다.

이때 한 가지 주의할 점이 있습니다. **게임을 잘 못하는 사람부터 칭찬해 주되, 못한다고 해서 절대로 화를 내서는 안 된다는 점입니다.**

성적이 좋은 사람만 칭찬하고, 잘 못하는 사람에게는 화를 내거나 칭찬하지 않으면 그들은 게으름을 피우게 됩니다.

그러니 사원이 60명이라면 일하는 능력이 60번째인 사람에게도 "잘하고 있어요!"라고 칭찬해 줘야 합니다. 그렇지 않으면 언제나 꼴찌라서 혼만 나는 사람은 게임 자체에 참가하지 않게 됩니다.

일이 게임이며 절대로 혼나지 않는다는 사실을 알게 되면 누구나 스스로 그 게임에 참가하려 합니다.

우리 회사 사람들이 "사장님한테 혼난 적은 한 번도 없어."라고 말하는 이유는 제가 일을 게임으로 만들었기 때문입니다.

그물을 당겨 고기잡이를 할 때도, 그 일이 게임이 되면 지는 사람은 있을지언정 게으름을 피우는 사람은 없을 테지요. 축구든 마작이든 뭐든 간에 게임이라는 이름이 붙으면 열심히 하지 않는 사람은 없으니까요.

또 게임의 경우, 참가 자체가 즐겁지 않다면 기꺼이 참여하는 사람도 없겠지요. 마라톤은 가장 나중에 골인한 사람에게도 박수를 쳐 줍니다. 열심히 달린 끝에 기진맥진한 상태로 골인 지점에 도착했는데도 혼만 난다면 어느 누가 마라톤을 하려 들까요?

고시엔*을 노리는 고등학교 야구 선수도 야구가 게임이기에 열심히 하는 겁니다. 그러나 고등학교 야구 선수를 사원으로 고용한다고 일도 열심히 하리라고는 장담할 수 없습니다.

21세기는 '마음의 시대'입니다.

먹고 살기 위해 일하는 시대는 끝났습니다. 그러니 "일하지 않으면 굶어 죽어."라는 협박은 통하지 않습니다.

'일'이라는 이름이 붙으면 전부 돈을 벌 수 있습니다. 예를 들어 채소 장사로 빌딩을 세운 사람이 있는가 하면 도산하는 사람도 있기 마련입니다.

요점은 바로 일하는 방식입니다.

---

* 효고 현의 야구장으로, 이 구장에서 하는 고교 야구 전국대회 역시 '고시엔'이라 부른다.

'쩨쩨하게' 생각하기 때문에
'쩨쩨한' 일만 일어납니다

우리는 사고방식을 바꾸는 것만으로도 얼마든지 부유해질 수 있습니다.

예를 들면 보통 사람들은 '세금을 내기 싫다.'고 생각합니다. 하지만 저는 세금을 내는 게 전혀 싫지 않습니다. 왜냐하면 저는 일본이 저의 것이라고 생각하기 때문입니다. 그러니 세무서 직원들은 저의 종업원인 셈이지요(웃음).

세무서 직원들이 전국에서 수금한 돈으로 도로도 만들고 다리도 만드니, 그 덕분에 저는 제 일을 할 수 있습니다. 가을이 되어 수확을 하면 그 결실을 종업원이 세금으로 거두어가서는 전국에 뿌려주니, 이듬해 가을에 또다시 제가 수확을 할 수 있는 거지요.

저는 한 번도 세금을 내는 게 싫다고 생각해 본 적이 없습니다. 이 시스템 덕분에 편하게 일을 할 수 있으니까요.

일본은 교육도 부也도 전국적으로 평준화되어 있습니다. 그러니 우리 회사에서 만든 상품도 팔리는 거겠지요. 세금이 있으므로 도로도 생기고, 노인들도 안심하고 지낼 수 있습니다. 따라서 우리가 세금을 내는 건 오히려 감사해야 할 일입니다.

'어떻게든 세금을 안 냈으면……'하고 '쩨쩨하게' 생각하면 '쩨쩨한' 일만 일어납니다. 기억하세요.

'궁상의 씨앗'을 뿌리면
'궁상맞은 변명'만 하게 됩니다

어느 회사의 사장님이 "여자가 생기면 회사가 망한다는 말을 들었는데, 진짜일까요?"라고 저에게 물어온 적이 있습니다. 만약 그게 '사실'이라면 여자가 생긴 정도로는 망하지 않을 회사를 만들면 됩니다.

진시황은 몇 천 명에 달하는 여자를 두고도 천하를 통일했습니다. 여자가 생긴 정도로 회사를 망하게 하는 사람은 단지 일을 못하는 겁니다.

일을 못하는 사람이 회사를 망친 뒤 여자 탓을 하자, 그 이야기를 들은 누군가가 말을 옮겼을 뿐입니다. 게다가 여자가 없어도 회사를 망친 사람은 얼마든지 있습니다. 그러니 궁상맞은 변명은 하지 않는 편이 좋습니다. 그런 말을 하면 **'궁상의 씨앗'**이 뿌려지니까요.

예전에 제가 아는 한 사람이 "사이토 씨, '달은 차면 기운다.'라는 말 알아요?"라고 물었습니다.

그는 분명 "당신이 지금은 순조로울지 몰라도, 언제까지나 잘나가지는 않을 거예요."라는 말을 제게 하고 싶었던 거겠죠. 그때 저는 그 사람에게 "과학적으로 달은 차면 기울지만, 제가 달로 보이나요?"라고 대꾸했습니다(웃음).

인간은 제한선을 모르는 존재입니다. 그렇기에 성장하다가 망한 회사도 분명히 있겠지만, 그건 규모가 커졌기 때문이 아닙니다. 잘못된 일을 하니까 망한 겁니다.

행복을 옆 사람들에게 나누어 주면
주변까지 밝힙니다

어떤 일을 했을 때, 그 일이 자신에게 도움이 되는 즐거운 일이라면 그로 인해 사업이 망하는 경우는 없습니다. 만약 그래도 망했다면 그 이유는 자신의 즐거움만을 추구했기 때문입니다. '나만 행복해지면 된다.'는 건 잘못된 생각입니다.

행복은 '촛불 옮기기'와 같아서 옆 사람들에게 나누어 주면 주변까지 밝아집니다. 또한 나누어 주었다고 해서 나에게 있던 '행복의 불꽃'이 꺼지지도 않습니다.

아이즈 지방에는 〈아이즈반다이산〉이라는 민요가 있습니다. 이 민요의 가사 중 "오하라 쇼스케여, 어째서 재산을 탕진했는가? 아침잠, 아침 술, 아침 목욕을 좋아해서 재산을 탕진했지."라는 대목이 있습니다.

저는 어릴 때 이 부분을 듣고 제 귀를 의심했습니다.

아침잠도 아침 술도 아침 목욕도 그렇게 많은 돈이 들지 않습니다. 그걸로 재산을 탕진했다니 이상한 일입니다. 게다가 그만한 일로 탕진했다면 그는 원래부터 대단치 않은 재산이었던 거죠. 그래서 저는 이 민요를 들을 때마다 **'진짜 쩨쩨한 노래'**라고 생각했습니다.

1장의 포인트

◆ '꿈'이 '목표'가 되면 현실로 이루기 쉬워집니다.

◆ 이룰 수 있는 '꿈'을 꾸고 성공의 경험을 이어나가세요.

◆ '꿈은 작게, 노력은 크게' 해서 이기는 습관을 들이세요.

◆ 모든 경험을 '성공'으로 이어가세요.

◆ 인간의 '생각'에는 그것을 현실로 만드는 힘이 있습니다.

◆ 가난한 생각으로는 절대 부자가 될 수 없습니다.

◆ 자신이 뿌린 씨앗만큼만 거둘 수 있습니다.

◆ 행복은 촛불 옮기기와 같아서
나누어 줘도 자신의 불이 꺼지지 않습니다.

부자의 비밀편지 1

지금부터 무언가를
시작하려는 당신에게

지금부터 무언가를 시작하려는 사람이 꼭 되뇌었으면 하는 말이 있습니다. 바로 이 말입니다.

"이대로도 괜찮아."

이 말을 매일 읊조리다 보면, 자신은 물론이고 타인에 대해서도 그렇게 생각하게 됩니다.

"그 애는 이런 부분이 나빠."라거나 "저 사람은 그 점이 안 좋아."라는 등 **남의 결점을 트집 잡는 이유는 대개 남에 대한 평가를 마이너스부터 시작하기 때문**입니다.

사람은 누구나 '지금보다 나아지고 싶다.'라는 생각으로 살아가므로 남을 마이너스부터 평가해서는 안 됩니다. 이 점은 자신에 대해서도 마찬가지입니다.

인간은 '현상 유지만으로는 살아갈 수 없는 생물'입니다. 마이너스를 줄이기 위해 노력하는 것과 플러스를 더욱 크게 만들기 위해 노력하는 것은 결과가 완전히 다릅니다.

그러니 우선은 스스로에게 "이대로도 괜찮아."라고 말해보세요. 자기 자신에게 이 말을 할 수 있게 되면, 남에 대해서도 '이대로도 괜찮아.'라고 생각하게 됩니다. 저도 매일 이 말을 읊조립니다.

무언가를 새로 시작할 때뿐 아니라 매일매일 이 말을 스스로에게 들려주세요. 분명 당신의 마음이 가벼워지고 그 덕에 상대방의 마음도 가볍게 만들어 줄 수 있습니다.

"아직도 답답한 마음을 주변에 푸념만 하고 있나요?"

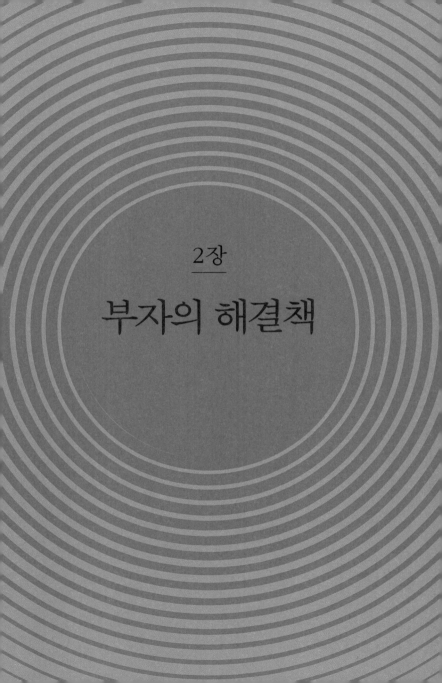

2장

부자의 해결책

자신의 문제를 객관화하면
해결책이 보입니다

'부자의 행동습관' 이야기를 하기 전에 말해 두고픈 두 번째 사항은 '문제를 해결하는 방법'입니다.

일단 행동을 시작하면 여러 가지 일이 일어나므로 문제 해결법도 알아 두는 편이 좋습니다. 사실 이 방법은 저도 최근 들어 발견했습니다.

지금까지 저는 다양한 곳에서 상담을 해 왔습니다. 그리고 그때마다 상담자들에게 가장 좋다고 여겨지는 방법을 알려주었습니다.

그러나 제가 알려준 방법으로 문제가 해결된 사람이 있는가 하면, 전혀 문제가 해결되지 않은 사람도 있었습니다. 어떻게 이런 차이가 나게 된 걸까요? 그 이유는 **제가 '할 수 있다'라고 생각한 일이라도 저의 방법을 안내받은 사람은 '할 수 없는' 경우가 있었기 때문이었습니다.**

다시 말해 어떤 문제를 가진 사람에게 제가 생각하는 해결법을 알려주더라도, 그 사람이 저의 조언을 반드시 실천할 수 있는 것은 아니라는 뜻입니다. 그래서 저는 다른 방법을 찾았고, 실제로 이 방법을 써 보았더니 효과 만점이었습니다. 이 방법을 쓰면 그 사람의 문제에 대한 해법이 백발백중 나오게 됩니다.

방법은 이렇습니다.

우선 누군가로부터 고민 상담을 받으면 그의 주변에 있는 몇몇 사람들에게 "이런 문제를 해결하려는 사람에게 그 문제가 평생 발생하지 않을 수 있는 해결책은 무엇일까요?"라고 물은 뒤, 각자의 대답을 듣습니다. 그리고 마지막으로 고민을 물어온 사람이 그 질문에 스스로 대답하게 합니다.

"만약 당신이 다른 사람으로부터 똑같은 고민을 상담받는다면, 이 문제가 평생 발생하지 않을 만한 해결책은 무엇일까요?"라고 묻는 거지요.

그러면 앞서 측근들에게서 나온 다양한 의견들 중 가장 좋은 대답이 그 사람의 입에서 나옵니다.

반면 고민하는 사람에게 처음부터 갑자기 "스스로 답해보세요."라고 요구하면 대부분은 말문이 막힙니다.

그러니 고민하는 사람의 측근들이 제시한 해결법을 듣고 당사자가 마지막에 대답하게 하는 것이 이 방법의 포인트입니다.

그러나 이때 당사자도 '남의 일'이라고 생각하고 대답하지 않으면 좋은 해결책은 결코 나오지 않습니다.

백발백중 문제 해결 방법

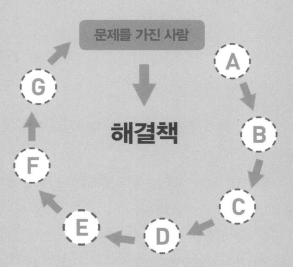

이 문제가 발생하지 않을 만한
해결책은 무엇인가?

문제를 가진 사람

A

B

C

D

E

F

G

해결책

● A부터 G까지 다른 사람의 대답을 들은 뒤, 마지막에 본인이 대답한다.

● 가장 좋은 해결책이 문제를 가진 본인의 입에서 나온다.

해결하지 못하는
문제는 없습니다

앞에서 설명한 방법으로 문제를 해결하면 어떤 이유로 좋은 해결책이 나오는 걸까요?

먼저 고민을 상담한 사람이 자신의 문제를 객관적으로 생각할 수 있다는 점을 꼽을 수 있습니다.

자신에게 발생한 문제는 아무래도 주관적으로 생각하게 되어 결국 감정적으로 치닫기 마련입니다. 따라서 어지간해서는 최고의 해결책이 떠오르지 않습니다.

그런데 이 방법을 쓰면 당사자가 제3자의 시점으로 문제를 볼 수 있고, 주변 사람들의 조언이나 아이디어도 더

해져서 최고의 해결책이 탄생합니다.

신이 우리에게 문제를 안겨 준 이유는 그 사람의 정신
을 성장시키기 위해서입니다. 따라서 해결책이 없는 문
제는 절대로 나오지 않습니다.

그 사실을 가장 잘 아는 사람은 상담자 본인입니다.

또 이 방법의 좋은 점은 상담자 본인의 문제 해결뿐만
아니라 **상담에 함께 참여했던 주변 사람들까지 정신적으로 성장
한다는 것입니다.**

상담자의 문제에 대해 저 혼자만 답해 주면 주변 사람
들은 남의 일처럼 들을 뿐입니다. 하지만 '우리도 답해야
만 한다.'고 생각하면 주변 사람들도 그의 고민을 진지하
게 듣게 됩니다.

따라서 타인의 문제가 자신의 문제처럼 여겨지며, 해결
법을 생각하는 동안 그들 자신도 깨달음을 얻게 됩니다.
이 방법은 굳이 제가 없더라도 쓸 수 있고, 주변 사람들의
정신을 성장시키면서 문제도 해결하는 효과가 있습니다.

문제에 대해
생각하는 습관을 들이세요

어떤 사람에게 "좋은 남편일수록 빨리 죽는대요."라고 이야기했더니, "그럼 우리 남편은 빨리 죽겠네요!"라고 걱정했습니다.

좋은 남편이 빨리 죽는다는 이야기에 그 사람이 걱정했던 이유는 다음과 같습니다.

예컨대 아내가 밖에서 불쾌한 일을 겪었다고 칩시다. 그녀의 남편은 아내에게 "그건 당신 잘못이 아니야."라고 따뜻한 위로를 해주겠지요? 좋은 남편이니까요.

그러나 그 위로가 과연 아내에게 좋은 해결책일까요?

그러한 위로는 '아내가 남편에게서 좋은 에너지를 빼앗는 것'
에 지나지 않습니다.

다시 말해 남편의 위로는 아내 문제의 근본적인 해결책
이 되지는 못합니다. 실제로 가장 중요한 일은 그 문제가
두 번 다시 일어나지 않게 하려면 어떻게 해야 할지 상담
하는 것입니다.

가령 아내가 누군가에게 불쾌한 말을 들었다면 그 사람
에게 "그런 말 하지 마세요."라고 경고하거나, 아내가 두
번 다시 그런 일을 겪지 않도록 해결책을 알려주는 편이
아내의 정신적 성장을 도울 수 있습니다. 그러니 고민을
잠자코 들어주는 남편은 참된 의미로 좋은 남편은 아닙니
다. 그보다 "자, 두 번 다시 이런 일을 겪지 않으려면 어떻게 해
야 할지 둘이서 생각해 보자."라고 말하는 남편이 좋은 남편
입니다.

인간의 뇌는 쓰지 않는 부분은 점점 퇴화합니다. 반면
쓰는 부분은 점점 단련되지요. 그러므로 문제에 대해 생
각하는 습관을 들이면, 실제로 자신에게 문제가 일어났을

때 곧바로 대처할 수 있게 됩니다.

문제는 공유할 수 있습니다. 동정만으로는 해결책이 나오지 않습니다. '문제의 공유'란 그 문제를 통해 함께 정신을 성장시키는 것입니다.

남의 고민을 들을 때, 단지 푸념을 들어주기만 하면 된다고 생각하는 사람들도 많습니다. 그러나 푸념하는 사람은 하고 싶은 말을 전부 내뱉어서 마음이 상쾌해질지 몰라도, 듣는 쪽은 상당한 에너지를 빼앗깁니다.

상대의 푸념을 들어줄 때 **'두 번 다시 그런 일이 일어나지 않으려면 어떻게 해야 할까?'**라는 관점으로 상대의 이야기를 들으면 서로가 깨달음을 얻을 수 있습니다. 말하는 사람과 듣는 사람 모두가 함께 성장할 수 있다면 더할 나위 없겠지요.

가장 좋은 해결책은
이미 당신의 마음속에 있습니다

저의 제자가 되어 성공한 사람들 중 많은 이들이 저와 한 번도 만난 적이 없습니다. 어떻게 이런 일이 가능하냐고요? 그들은 저와 만나지는 않았으나 저의 책을 읽거나 CD를 들으며 저의 가르침을 배우고, 자신의 문제에 대해 **'히토리 씨라면 이 문제를 어떻게 해결할까?'**라고 생각했기 때문입니다.

그러다 보면 저의 가르침 중 자신이 할 수 있는 일을 찾게 되고, 좋은 생각이나 아이디어를 떠올리게 됩니다.

반면 저와 만난 사람은 제게 직접적으로 문제의 해결책을 묻습니다. 하지만 그 해결책은 제게는 가능하지만 그 사람에게는 불가능한 것일지도 모릅니다.

가령 제가 체조 선수라면 간단히 '공중 3회전' 시범을 보일 수 있을지도 모릅니다. 하지만 '공중제비'밖에 못하는 사람 앞에서 '공중 3회전'을 시범 보인다한들, 놀라게 할 수는 있어도 똑같이 따라 하게 만들 수는 없습니다.

이처럼 제가 아무리 근사한 해결책을 제시해 봤자 상대에게도 그 방법이 가능하리라고 단언할 수 없습니다. 그러니 어떤 문제가 발생했을 때 '히토리 씨에게 물어보자.'라고 생각하면 안 됩니다. 오히려 **'히토리 씨라면 어떻게 할까?'**라고 스스로 궁리해 볼 때 자기가 할 수 있는 범위 내에서 자신에게 걸맞은 아이디어가 나오게 됩니다.

고민하는 사람이 실행할 수 없을 것 같은 조언은 제아무리 근사한 내용이라도 도움이 되지 않습니다. 반드시 그 사람이 실행할 수 있어야만 올바른 해결책입니다.

학교 선생님은 정답이 없는 문제를 시험에 내지 않습니

다. 그와 마찬가지입니다. 우리에게 발생한 문제에도 반드시 답이 있습니다. 그 답은 저의 마음속이 아닌 바로 당신의 마음속에 있습니다.

사람은 스스로 생각하는 만큼의 일만 할 수 있습니다. 또한 스스로 하나의 문제를 해결하면 한 뼘 더 성장하게 되고, 한 단계 위의 문제를 풀 수 있게 됩니다.

당신에게 주어진 문제의 '가장 좋은 해결책'을 가진 사람은 바로 당신입니다. 그리고 당신에게 주어진 문제는 반드시 당신이 해결할 수 있는 범위 내에서만 나옵니다.

결과보다 답을 이끌어내는
과정이 중요합니다

앞에서 어떤 문제가 발생했을 때 **'히토리 씨라면 어떻게 해결할까?'**라고 생각하면, 저의 사고방식을 참고하면서도 본인이 할 수 있는 범위 내에서 해결책을 찾게 되므로 그 사람에게 가장 좋은 해답이 나오게 된다고 말했습니다.

또 **'히토리 씨에게 직접 물어보는 편이 더 좋은 해답을 얻을 수 있겠지.'**라고 생각하는 사람도 있지만, 어떤 사람에게 문제가 주어지는 까닭은 그의 정신을 성장시키기 위해서라고도 했습니다.

점을 보는 것도 참고하는 정도라면 상관없지만, "점괘에 이렇게 나왔으니까."라며 스스로의 생각을 멈춰 버리면 안 됩니다. 설사 용하다고 평판이 자자한 점쟁이에게 점을 봤다 하더라도, 점괘에 의존하여 스스로 해야 할 판단을 점쟁이에게 맡겨 버리면 그 사람의 운세는 영원히 좋아지지 않습니다.

우리는 이 세상에 문제를 껴안고 고민하며 그에 휘둘리기 위해 태어난 것이 아닙니다. 각자의 문제를 해결하기 위해 태어났습니다.

다시 말해 우리는 자신의 문제를 스스로 해결함으로써 정신을 성장시키기 위해 이 세상에 태어났습니다. 그러니 신은 오직 당신이 해결할 수 있는 문제만을 냅니다.

가끔은 '이런 어려운 문제는 못 풀겠어!'라고 말하고 싶은 경우도 있겠지요. 하지만 해답은 반드시 당신의 마음속에 있습니다.

그 해답을 이끌어내는 과정은 정신의 성장으로도 이어집니다. 그러니 답이 옳은지 그른지보다 그 답을 이끌어내는 과정이 중요합니다.

가령 덧셈과 뺄셈을 한창 배우는 중인 초등학교 1학년이 푸는 문제를 제가 방정식을 이용해 풀고 정답을 말한다면, 그것은 틀린 해법입니다.

장사를 시작한 지 1년째인 사람에게는 장사 초보를 위한 답이 있기 마련입니다. 장사의 베테랑이 해결책을 제시한들 도움이 되지 않습니다. **두 사람은 상인으로서 기초체력이 다르기 때문입니다.**

실패란
단지 '과정'에 지나지 않습니다

실패가 무섭다는 이유로 행동하지 않는 사람도 많습니다. 아마도 과거의 실패한 경험 때문에 그런 생각을 하는 거겠지요. 그러나 과거의 실패란 개선하지 않고 끝냈기 때문에 실패로 남은 것입니다.

그 실패로부터 무언가를 배우고, 잘 풀리지 않았던 부분을 개선해서 행동하고, 또다시 개선해서 행동하면 반드시 성공하게 됩니다. **실패란 단지 '과정'에 지나지 않습니다.** 잘되지 못한 체험을 했을 뿐입니다. 성공이란 실패의 반대말이 아닙니다.

실패로부터 배우고 성장한 끝에 성공이 있습니다. 그리고 그 여정의 도중에도 개선을 거듭하며 성공을 향해 나아가는 사람을 '성공자'라고 합니다.

성공한 사람은 목적지에 도착한 사람이라고 여기는 경우가 많지만, 참된 성공자는 목적지에 도착하면 다시 새로운 목표를 향해 여행을 떠납니다.

그 목표가 올바르다면 자기 자신과 남에게 동시에 도움이 되고, 개선하는 즐거움을 느낄 수도 있으며, 두뇌와 마음이 함께 성장해서 모든 일이 좋아지게 됩니다.

무슨 일이든 처음부터 쉽게 해내는 사람은 없습니다. 몇 번이고 도전한 끝에 겨우 성공하는 것이지요. 게다가 처음에는 못했던 일을 할 수 있게 되니까 기쁘고 즐겁습니다. 그 사실을 깨우치면 실패를 두려워하지 않고 도전을 계속 즐기게 됩니다.

문제가 어려우면 어려울수록, 계속 도전해서 마침내 성공하면 기쁨이 커지는 법입니다.

행동이란
신이 상을 주기 위한 수단입니다

처음부터 일이 잘 풀리지 않는 데는 이유가 있습니다.
바로 신이 우리에게 문제를 냈기 때문이지요.

학교로 치자면 시험입니다. 시험에서 좋은 점수를 얻으
면 상급 학교로 진학할 수 있지요?
회사에서도 여러 가지 주어진 업무를 해내면 월급을
받습니다. 아무것도 하지 않았는데 월급을 주는 곳은 없
습니다. 아무것도 하지 않았는데 칭찬해 주는 사람이나
회사도 없습니다. 다시 말해 문제를 해결해야 상을 받을

수 있습니다.

행동이란 신이 상을 주기 위한 수단입니다. 회사에서 월급을 받으려면 일을 해야 하는 것과 마찬가지로, 학교에서도 좋은 대학에 들어가고 싶다면 그 전에 공부를 해야 합니다. 좋은 학교에 들어가면 칭찬을 받습니다. 아이는 칭찬을 받기 전에 **'공부'**라는 노력을 합니다.

이처럼 어떤 일이든 우선은 행동을 해야 비로소 상을 받을 수 있습니다.

"신에게 행복하게 해 달라고 빌었는데 이루어 주지 않았어."라는 이야기를 종종 듣는데, 신은 우리에게 행복을 주는 게 아니라 '행복으로 바뀌는 것'을 줍니다.

그대로는 못 먹는 매실 열매가, 가공하면 '매실 장아찌'라는 훌륭한 음식으로 변하는 것과 같습니다.

'경영의 신'이라고 불린 마쓰시타 전기산업(현 파나소닉)의 창업자, 마쓰시타 고노스케는 **"당신의 성공 비결은 무엇입니까?"**라는 질문에 다음 세 가지를 말했습니다.

첫째, 가난한 집에서 태어난 것

둘째, 초등학교를 중퇴해 남들보다 학력이 부족한 것

셋째, 몸이 병약한 것

대부분의 사람들은 위 세 가지를 '성공하지 못한 이유'로 들겠지만, 마쓰시타 고노스케는 달랐습니다.

"가난한 집에서 태어나 돈에 대한 집념이 있었기에 성공에 대한 강한 욕망을 유지할 수 있었다."

"초등학교를 중퇴했기에 남의 말을 듣고 배우는 습관이 몸에 배어 있었다."

"몸이 약해서 남의 도움을 받아 성과를 올리는 방법을 늘 궁리하다 보니 사람을 다루는 법이 능숙해졌다."

그는 자신에게 주어진 '고난'을 스스로 '성공의 씨앗'으로 바꾼 것입니다.

마쓰시타 고노스케가 밝힌
성공 비결

1	가난한 집에서 태어난 것
2	초등학교를 중퇴해 남들보다 학력이 부족한 것
3	몸이 병약한 것

1 "가난한 집에서 태어나 돈에 대한 집념이 있었기에 성공에 대한 강한 욕망을 유지할 수 있었다."

2 "초등학교를 중퇴했기에 남의 말을 듣고 배우는 습관이 몸에 배어 있었다."

3 "몸이 약해서 남의 도움을 받아 성과를 올리는 방법을 늘 궁리하다 보니 사람을 다루는 법이 능숙해졌다."

작심삼일도 계속 이어가면 성공할 수 있습니다

행동이란 남과 비교하는 것이 아닙니다.

행동은 언제나 자신에 대한 도전입니다.

만약 당신이 '덜렁이'라면 우선은 자신이 그렇다는 사실을 알아야 합니다. 덜렁거리는 당신이 행동하면 처음에는 금방 성공하지 않을 테지요. 그렇다면 부족했던 부분을 개선하면 됩니다.

"저는 뭘 하든 금방 질려요."라거나 "항상 작심삼일로 끝나요."라는 사람이라면 1장에서 제가 썼듯 **'작심사일'을**

목표로 하면 됩니다. 그래서 나흘간 행동이 이어졌다면 그때 다시 개선점을 찾으면 됩니다.

여기서 중요한 점은 **행동과 개선에 성공할 때까지 멈추지 않는 것입니다.**

성공은 매우 간단한 구조로 되어 있습니다. 이 간단한 구조를 납득하기만 하면, 아무리 덜렁거리거나 금방 싫증 내는 사람이라도 반드시 성공할 수 있습니다.

"나는 이래서 안 돼."라고 변명하는 사람은 행동하기 싫어서 갖가지 핑계를 대는 것뿐입니다. 하지만 막상 행동을 해 보면 재미가 있습니다. 그 재미를 모르니 행동하려 하지 않는 것입니다.

"개선하려고 시도해 봤지만 재미없었어."라고 말하는 사람은 충분히 개선하지 않았기 때문입니다. 그러니 재미도 없거니와 인생도 잘 풀리지 않습니다.

일에서건 다른 무엇에서건, 개선을 거듭하며 궁리하면 반드시 인생은 즐거워집니다. 정말로 즐거워지니까 여러분도 꼭 한 번 해 보세요.

남을 바꾸고 싶다면
자신이 먼저 행동해 보세요

어떤 분께 이런 질문을 받았습니다.

"저의 부하 중 지시받은 일만 하고 자발적으로 행동하지 않는 사람이 있습니다. 어떻게 하면 스스로 적극적으로 행동하게 될까요? 또 의욕이 없는 부하를 개선할 좋은 대처법이 있다면 알려주세요."

이에 대해 저는 이렇게 답변했습니다.

먼저 "지시받은 일만 하고 자발적으로 행동하지 않는다."고 했는데, 그 사람은 지시받은 일을 하는 것만으로도 좋은 부하입니다. 아주 훌륭합니다.

또 "어떻게 하면 그 부하가 스스로 적극적으로 행동하게 할 수 있을까요?"라는 고민에 대한 해결책은 상사가 부하에게 모범을 보이는 수밖에 없습니다. 당신이 먼저 나서서 행동하고, 그 행동이 부하에게 멋진 모습으로 보인다면 당신을 따라 하려는 사람이 반드시 나타납니다.

단, 부하가 지시받은 일만 한다면 그것으로 충분하다는 점을 잊지 마세요. 그런 부하에게는 칭찬을 해 줘야 합니다.

"지시받은 일만 하면 어떡해?"라고 화내기보다, **"지시받은 일을 제대로 해내다니 훌륭하군."**이라고 칭찬해 주는 편이 그 사람의 성장에 많은 도움을 줍니다.

우리는 타인의 행동을 바꿀 수는 없습니다. 남을 바꾸고 싶다면 우선은 자신의 행동을 바꿔야 합니다.

의욕이 없는 부하를 두었다면, 이는 부하의 문제가 아닌 **자신의 수행**이라고 생각하고 행동해 봅니다. 의욕이 없는 부하라도 당신을 잘 따라 준다면, 그 다음에는 말하는 방식이나 업무 지시 방법 등을 연구해서 부하 직원의 의욕을 고취시키는 방향으로 당신의 행동을 개선해 나가면 됩니다.

그러다 보면 우선은 당신이 성장하고, 그 부하가 당신과 인연이 있는 사람이라면 함께 성장할 것입니다.

인연이 없는 사람이라면 언젠가 그만두거나 부서 이동으로 헤어지게 되어 있습니다.

행동이 올바르면
나도 즐겁고, 남도 즐겁습니다

제가 받는 많은 질문들 중에 이런 것도 있었습니다.

"행동할 때 목표를 세우는 법이나 행동 계획을 잘 세우는 방법이 있다면 알려주세요."

이에 대한 제 대답은 한 마디였습니다.

"없어요."(웃음)

결론은 행동과 개선뿐입니다.

실제로 저는 '목표를 세우는 법'이나 '행동 계획을 잘 세우는 방법' 같은 건 한 번도 생각해 본 적이 없습니다.

비법이 있다면 스스로 개선해 나가는 재미를 깨닫는 것입니다. 그러다 길을 잃으면 '모두에게 좋은지'를 확인하세요.

나에게 좋고, 상대에게도 좋으며, 세상 사람들도 기뻐해 주고, 신도 만점을 줄 만한 일인지 생각합니다.

"큰 성공을 거둔 히토리 씨라면 분명 굉장한 발상법을 가지고 있겠지요?"라는 말도 가끔 듣지만, 제게는 특별한 방법이나 노하우가 없습니다.

다만 저에게 재미가 없고 남에게 도움도 안 되는 일은 생각하지 않으려고 노력할 뿐입니다.

제게는 특별한 정보원도 없습니다. 그러면 아이디어를 어떻게 얻는가 하면, 남에게 듣기도 하고 제 머릿속에 떠오를 때도 있으며 책이나 텔레비전, 잡담에서 힌트를 얻는 경우도 있습니다.

제가 매일 중요하게 여기는 점은 '**인생을 오늘도 즐겼는**

가?'와 **'남에게 친절하게 대했는가?'** 이 두 가지입니다.

많은 사람들은 "히토리 씨라면 뭔가 특별한 일을 하겠지요?"라고 기대하지만, 제 대답은 언제나 단순합니다.

생각과 행동이 올바르면 자신도 즐겁고 주변 사람들도 즐겁습니다. 자신이 즐겁지 않거나 상대방에게 좋지 않다면 어딘가 잘못되었다는 신호입니다. 그러니 그럴 때는 반드시 행동을 개선해야 합니다.

우리의 인생이란 행동을 하고, 잘못되었을 때는 바로 개선하며, 꿈을 향해 나아가는 행위의 반복입니다.

제자가 된다는 것은
스승의 사고방식을 익히는 것입니다

성공하고 싶다면 '히토리 씨에게 방법을 가르쳐 달라고 하자!'가 아니라 **'히토리 씨라면 어떻게 행동할까?'**라고 생각해 보세요.

우선은 '히토리 씨가 샐러리맨이라면 어떻게 할까?', '히토리 씨가 주부라면(웃음) 어떻게 할까?'라고 생각해 보세요. 지금 자신이 껴안고 있는 문제를 '히토리 씨라면……' 이라고 가정하여 생각해 보는 거지요.

'히토리 씨라면 어떻게 할까?'라는 **'씨앗'**을 스스로 뿌려 두지 않으면 '**열매**' 또한 맺히지 않습니다.

앞에서 설명한 마쓰시타 고노스케에게 한 수 배우고 싶다면 '마쓰시타 씨라면 어떻게 할까?'라고 생각해 보세요. 또는 이나모리 가즈오˚에게 배우고 싶다면 '이나모리 씨라면 어떻게 할까?'라고 가정해 보시고요.

만약 이 방법이 틀렸다고 판단되면, 그 사람의 제자가 될 필요가 없습니다. 누군가의 제자가 된다는 건 그 사람의 사고방식을 익히는 것이니까요.

그러나 '그 사람이라면 어떻게 할까?'라고 생각해 보지 않은 채 행동하면 결국 자기 생각대로만 행동하게 됩니다. 그리고 **지금껏 성공하지 못한 자신의 생각대로 행동한들 잘될 가능성이 매우 낮습니다.**

˚ 마쓰시타 고노스케, 혼다 쇼이치로와 더불어 '일본에서 가장 존경받는 3대 기업가'로 꼽히는 교세라의 명예회장.

세상의 불황과
자신의 불황은 별개입니다

이 세상은 풍요로움으로 넘치고 있습니다. 신은 인심이 후하답니다. 이 사실을 염두에 두지 않고 "요즘은 심한 불경기야."라고 말하면 자신의 주변에 **'불안의 파동'**을 내뿜게 됩니다. 인간은 자기가 뿌린 대로 거두는 존재니까요.

"세상이 냉혹해."라고 말하는 사람에게는 냉혹한 일만 일어납니다. 그러니 그는 세상이 냉혹하게 느껴지겠지요.

이 세상에는 '인과법칙'이 존재합니다. 어떤 일의 결과에는 반드시 원인이 존재하기 마련입니다.

"돈이 없어."라고 말하는 사람들은 대체로 돈 쓰기를 좋아합니다. 그래서 있는 대로 써대니 돈이 남아나지 않습니다. 저금을 좋아하는 사람에게는 반드시 모아 둔 돈이 있습니다.

세상의 불황과 당신의 불황은 별개의 문제입니다.

그런데 돈이 없는 이유에 대해 "요즘 세상이 불황이니까……."라고 변명하기 시작하면, "불황이니 어쩔 수 없지."라고 단정짓고 스스로 노력하지 않게 됩니다.

이렇게 해서는 결코 일이 풀리지 않습니다. 우리에게 주어진 문제는 어떤 문제라도 반드시 해결할 수 있습니다.

부모와 자식은
각자 성장합니다

예전에 어떤 사람이 "딸이 수험공부 때문에 신경질적이고 거칠게 변했어요. 어떻게 하면 좋을까요?"라며 고민을 상담해 왔습니다. 실제로 이런 상담은 아주 흔합니다.

아무리 자기 자식이라도 '해 줄 수 있는 일'과 '해 줄 수 없는 일'이 있는 법이지요.

아이를 안락한 집에서 살게 해 주거나 삼시 세끼를 먹여줄 수는 있어도, 아이의 행복까지 부모가 모두 책임질 수는 없습니다.

그러므로 저는 "따님에게는 따님 스스로 정신적으로 성장할 수 있는 몫이 있으니까, 당신은 당신의 정신적 성장에 대해 고민하세요."라고 조언하지만, 대다수의 사람들은 이를 실행에 옮기기 어려워 합니다.

많은 부모들은 '자식에게 간섭하는 것이 사랑'이라고 생각합니다. 하지만 사실은 그렇지 않습니다.

가족이라는 그룹은 누구 한 사람이라도 정신적으로 성장하여 파동이 바뀌면 나머지도 똑같이 바뀌게 되어 있습니다.

그런데 부모가 스스로 변하려 하지 않고 아이만 변화시키려고 하니, 그 방법이 잘못되었다는 사실을 깨닫게 하기 위해 힘겨운 일들이 연달아 일어나는 것입니다.

딸은 나름대로 배우고 있습니다. 그런 시기니까요. 그러니 부모는 딸을 믿어 주면서 자신의 정신을 성장시키는 일에 힘써야 합니다.

석가모니는 인류 중 한 명, 자기 자신만이라도 깨달음을 얻고자 했습니다. 그 결과 많은 사람을 구원할 수 있었지요.

만약 석가모니가 스스로 깨치기 전에 남을 깨우쳐 주려 했다면, 자신의 깨달음에 도달하지 못한 채 '시끄러운 동네 아저씨'로 끝났을지도 모릅니다.

'무리 가족이라고 해도 딸에게 해당되는 정신적 성장의 몫이 따로 있습니다. 그리고 부모에게도 그에 맞는 정신적 성장의 몫이 있습니다.

어떤 문제에 대해 머리를 맞대고 생각하는 일은 매우 중요합니다. 왜냐하면 그 과정에서 모두 함께 정신적으로 성장할 수 있기 때문입니다.

많은 사람들이 자신을 바꾸지 않은 채 상대를 바꾸려 합니다. 그러면 '신의 법칙'에 위배되므로 일이 잘 풀리지 않습니다.

그러니 모두 '이 문제를 통해 정신적으로 성장하면서도 같은 일이 다시는 발생하지 않게 하려면 어떻게 해야 할까?'에 대해 함께 궁리해야 합니다.

그러면 모두의 정신이 함께 성장하게 됩니다.

사랑은
결국 용서입니다

우리는 행복해지기 위해 태어났습니다. 행복해지는 것은 '권리'가 아닌 '의무'입니다.

그런데도 행복해지지 않는 사람들이 주변에 많습니다. 왜냐하면 그들은 스스로의 정신을 성장시키기 위해 이 세상에 태어났음에도 불구하고 **남을 우선시했기 때문입니다.**

어떤 면에서 보면 이와 같은 행동이 올바른 태도처럼 느껴질지도 모르지만, 사실 그 사람은 게으름을 피우고 있는 것입니다.

우리는 각자가 스스로의 정신을 성장시켜야 합니다.

"정신의 성장이란 무엇입니까?"라고 묻는다면, 그것은 '사랑'입니다.

"**사랑**이란 무엇입니까?"라고 묻는다면, 그것은 '**용서**'입니다.

그러므로 '한심한 자신'을 용서해야 합니다. '내게 심술궂게 군 사람'을 용서해야 합니다. 그렇게 주변 사람부터 용서를 해 나가다 보면, 점점 '마음의 때'가 벗겨지게 됩니다.

"사랑한다는 것은 무엇입니까?"라고 묻는다면, 그 답은 '자신을 용서하는 것, 용서할 수 없는 사람을 용서하는 것, 나와 삶의 방식이 다른 사람을 용서하는 것, 사고 방식이 다른 사람을 용서하는 것'입니다.

용서할 수 없는 사람이 나타나면 그를 용서하지 못하는 자신을 용서해야 합니다. 그렇게 용서하고, 용서하고, 용서하다 보면 점점 정신적으로 성장해서 인간은 신에 가까워지게 됩니다.

2장의 포인트

◆ 문제를 객관적으로 생각하면 최고의 해결책을 찾을 수 있습니다.

◆ 신이 문제를 안겨 주는 이유는
우리의 정신을 성장시키기 위해서입니다.

◆ 고민 상담을 받을 때는 주변 사람들과 공유하면
함께 정신을 성장시킬 수 있습니다.

◆ 답은 히토리 씨의 마음속이 아닌 '당신의 마음속'에 이미 있습니다.

◆ '저 사람이라면 어떻게 할까?'라고 생각하는 자세가
그 사람의 제자가 되는 첫걸음입니다.

◆ 세상의 불황이 자신의 불황이라고 여기지 않습니다.

◆ 가족 중 누군가가 정신적으로 성장하면
가족 모두가 함께 성장할 수 있습니다.

부자의 비밀편지 2

자주 싸우거나
종종 사고를 내는 사람에게

왠지 모르게 자주 싸움을 벌이거나 종종 사고를 내는 사람이 읊어 보았으면 하는 말이 있습니다. 바로 이것입니다.

"나를 좀 더 용서하겠습니다."

당신이 이 말을 읊고서도 아무것도 느끼지 못했다면 그저 주의가 부족한 탓입니다.

하지만 이 말을 읊었을 때 무언가가 느껴진다면, 그것은 당신이 스스로에게 죄책감을 느끼고 있거나 자신의 일부분을 용서하지 못했다는 뜻입니다.

그러나 당신이 그렇게 된 데는 나름대로 오랜 역사가 있으며, 당신은 그런 사고방식으로 스스로를 지켜 왔습니다.

그러니 "나를 좀 더 용서하겠습니다."라고 말해 보세요.

"나를 좀 더 용서하겠습니다."라고 하루에 10번 말하고, 이를 습관 삼아 오랜 기간 매일 반복하다 보면 '고작 이런 걸 그동안 용서하지 못했다니.'라는 생각이 들게 됩니다. 또한 자신이 용서할 수 없었던 부분에 대해서도 알게 되어 기분이 몹시 편해집니다. 세간의 이목을 지나치게 신경 썼다거나, 불필요하게 자신을 궁지로 몰아넣었다거나, 자신을 속박했던 일들을 "나를 좀 더 용서하겠습니다."라는 말로 표현하고 나면 마음이 해방되고 한결 편해집니다.

이 말 외에도 이 책의 여러 가지 문장 중 당신에게 맞는 문장을 골라서 읊으면 됩니다. 문장을 읊어서 기분이 좋아지거나 마음이 가벼워진다면, 그것이 당신에게 잘 맞는 문장입니다. 그러니 계속 반복해서 읊어 보세요.

"당신만의 성공 방법을 찾았나요?"

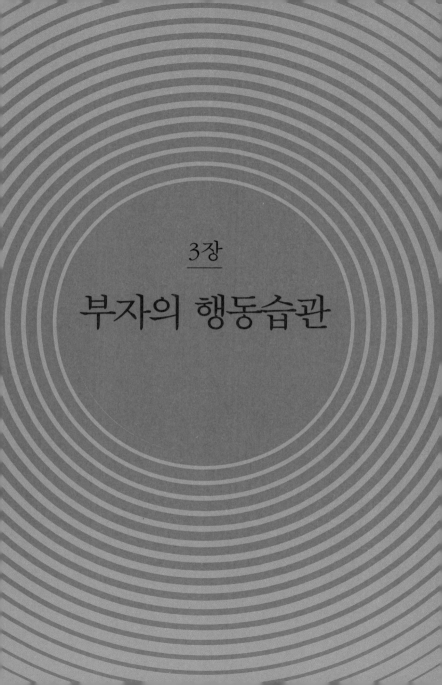

3장

부자의 행동습관

행동하면
옳은지 그른지 알 수 있습니다

꿈을 이루기 위해서도, 그리고 문제를 해결하기 위해서도 절대적으로 필요한 요소가 있습니다.

그것은 바로 **'행동'**입니다.

이 지구는 '행동의 별'입니다.

이 말의 뜻은 다음과 같습니다.

우리의 본질은 영혼입니다. 우리의 영혼이 '지구'라는 별에서 육체 속에 갇혀 있는 거지요.

영혼은 사람이 죽기 일주일쯤 전부터 육체에서 빠져나와 만나고 싶은 사람을 만나러 갈 수 있습니다.

육체에서 빠져나온 영혼은 단번에 오키나와에서 홋카이도의 친구 집까지 갈 수 있습니다. 우리는 이러한 일을 영혼의 '작별 인사'라고 합니다.

"할아버지가 돌아가시기 전날 내 머리맡에 서 있었어." 라는 식의 체험담을 가끔 듣습니다. 이 또한 '작별 인사'입니다. 사람에게 영혼만 존재한다면 '홋카이도에 가고 싶어!'라는 생각만으로 갈 수 있지만, 영혼은 육체 안에 있으므로 그럴 수 없습니다.

실제로 도쿄의 신코이와에서 홋카이도까지 가려면, 우선은 신코이와 역까지 간 다음 다시 도쿄 역으로 가서 열차를 타거나 하네다 공항으로 가서 비행기를 타야만 합니다.

영혼만 있다면 밥을 먹을 필요도 없고 멋을 부리거나 치장을 할 필요도 없습니다. 그러나 우리는 육체를 부양해야 하므로, 먹고 살기 위한 양식을 얻기 위해 일을 해야 합니다.

그러면 어째서 이런 일이 필요할까요? 우리는 경제활동이나 인간관계를 통해 **'행동'**함으로써 여러 가지를 배우며, 그 **'배움'**은 우리의 정신, 즉 **'영혼'**이 성장하는 데 밑거름이 되기 때문입니다.

우리가 올바르다고 생각하는 일이라도 그것이 정말로 올바른지는 행동으로 옮겨 보지 않으면 모릅니다.

왜냐하면 '올바름'은 시대에 따라서 달라지며, 사람마다 배워야 하는 과제도 다르기 때문이지요.

누군가에게 어떤 일이 옳은지 그른지는 행동으로 옮겨봐야 비로소 알 수 있습니다.

성공할 때까지
행동을 개선하는 묘미를 즐기세요

생각만으로 이루어지는 일은 없습니다.

그 생각이 옳은지 그른지는 행동으로 옮겨본 후에야 알게 됩니다. 잘 되면 옳고 잘 안 되면 틀린 것이지요.

어떤 생각이 옳은지 그른지를 판별하기 위해서는 일단 남에게 물어봐도 좋고 공부를 해봐도 좋겠지요. 하지만 어느 쪽이든 **'행동'**이 수반되어야 합니다.

지구는 행동하며 자신에게 옳은 길을 선택하는 별입니다. 성공, 즐거움, 행복……. 이런 것들을 찾아 나가는 별입니다.

덧붙이자면, 지구는 처음부터 일이 잘 풀리지는 않는 별입니다. 당연한 일이지요.

그러니 "행동했지만 일이 잘 풀리지 않았어요."라고 말하며 일일이 풀이 죽어서는 안 됩니다.

어쨌거나 성공할 때까지 계속 해 보는 것이 바로 삶의 재미입니다. 성공 자체만으로 재미있는 것이 아니라 성공할 때까지 자신을 개선하며 성장해나가는 여정이 매력적이라는 뜻입니다.

모두가 성공을 좇지만, 성공이라는 목적지보다 그곳을 향해 가는 여정이 재미있는 법입니다. 여행도 목적지로 향하는 도중이 가장 즐겁습니다. 도착하고 나면 남은 일은 되돌아가는 것뿐이니까요.

개선하고 개선해서
일이 잘될 때까지 시도해 보세요

성공한 사람, 즉 잘 나가는 사람의 흉내를 내는 것도 좋습니다. 하지만 흉내를 낸다고 해서 그들처럼 성공하리라는 보장은 조금도 없습니다.

이 세상에서 똑같이 해서 잘 풀리는 건 수학뿐입니다. '1+1=2'와 같이 문제도 정답도 정해져 있으니까요.

가령 인기 많은 남자가 여자를 유혹할 때 하는 말을, 당신이 이성을 유혹할 때 똑같이 말한다 해도 인기 있는 남자처럼 잘 될 거라고는 단언할 수 없겠지요.

그러므로 당신은 당신만의 '성공의 방법'을 찾아야 합니다.

이 말은 성공한 사람의 흉내를 내서는 안 된다는 뜻은 아닙니다. 다만 흉내를 내 본 뒤 일이 잘 안 풀린다면 잘못된 점을 개선하라는 뜻이지요.

잘못된 점을 개선하고 개선해서 일이 잘 될 때까지 해보세요.

그러다 보면 당신에게 잘 맞는 방법을 발견하게 됩니다.
이를 두고 "힘들어서 못 하겠어!"라고 말하면 안 됩니다. **"그 일 참 재미있겠군."**이라고 말해야 언어의 힘이 긍정적으로 작용합니다.

개선 습관을 들이면
모든 일이 잘 풀립니다

행동해도 잘 안 될 때는 행동을 거듭 개선하면 됩니다.

특히 중요한 점은 **자신을 개선하는 일입니다.** 그러면 정신적으로도 성장하지요. 이에 더해 **'개선 습관'**을 들이면 모든 일이 잘 풀리게 됩니다.

이 세상의 모든 시스템은 개선하지 않으면 안 되도록 만들어져 있습니다.

이를테면 미국의 자동차 회사인 포드는 'T형 포드'라는 차를 출시하며 처음으로 자동차를 대량생산 했습니다.

당시로서는 획기적인 사건이었지만, 만약 포드가 그때부터 지금까지 줄곧 T형 포드만을 만들었다면 이 회사는 이미 망했을지도 모릅니다. 그러나 포드가 지금껏 생존한 이유는 출시하는 자동차의 성능과 디자인 등을 지속적으로 개량해 왔기 때문입니다.

사람의 몸은 어느 정도 자라면 성장을 멈추지만, 정신은 무한히 성장해서 계속 커질 수 있습니다. 위대한 정신을 가진 사람에게는 '**강렬한 아우라**'가 느껴지거나 '**후광**' 같은 것이 보입니다. 정신을 성장시키기 위해서 필요한 것은 어쨌거나 **자신을 좀 더 개선하고, 개선하고, 개선하는 일입니다.**

이 사실을 깨치면 회사원도 주부도 경영자도 일이 술술 잘 풀리게 됩니다. 신은 우리에게 개선에 필요한 요소를 전부 제공해 주었습니다. '개선하지 않을 거야.'라는 '자유의지'를 포함한 모든 부분을 말입니다.

'**마음의 세계**'도 '**물질의 세계**'와 마찬가지입니다. 물질의 세계에서 개선하지 않는 사람은 마음의 세계에서도 개선하지 않습니다. 반면 **'개선 습관'**이 몸에 밴 사람은 계속해서 개선해 나가지요. 우리는 언제나 선택하고, 행동하고, 개선하고, 책임을 집니다.

행한 일이 잘못되었다면 다시 개선하면 됩니다.

단지 그뿐입니다.

스스로를 개선하는 사람은 일에서도, 인생에서도, 정신적 성장에서도 반드시 성공을 거둡니다.

'행동하지 않는 사람'도
결국 배우고 있습니다

자신이 행동해서 잘되었던 경험을 남에게 가르쳐 주는 일은 매우 좋은 습관입니다.

하지만 일부 사람들은 시도해 보기 전부터 "그런 건 잘 안될 게 뻔해."라고 속단해 버립니다. 그러니 모처럼 좋은 이야기를 들려주어도 행하지 않기 마련입니다.

그런 사람들은 어떻게 될까요?

'좋은 이야기를 들은 뒤 실행에 옮기지 않으면 어떻게 되는지'를 체험하게 됩니다.

우리는 어쨌거나 무언가를 배우는 행동을 할 수밖에 없습니다. 아무것도 하지 않는 사람은 '아무것도 하지 않는' 행동을 취하면 그 결과가 어떻게 될지를 배웁니다.

그러니 "저 사람은 모처럼 좋은 얘길 들려줘도 아무것도 안 하네."라고 비판하지 말고, 그가 '안 한다'라는 결단을 내렸으며 그럴 경우 어떻게 되는지를 배우는 중이라고 이해해 주면 됩니다.

어떤 선택을 하건 간에 이 세상은 반드시 모든 것을 통해 배움을 얻게 되어 있습니다.

상대방의 정신적 성장을 믿어야
'진짜 사랑'입니다

    회사 사장이 사원의 행복을 빌어주는 일은 매우 좋은 태도입니다. 그러나 사장이 사원에게 월급을 제대로 주고 있으며, 사원도 열심히 일하고 있다면 나머지는 사원 개개인의 문제입니다. 행복해질지 말지는 그 사람 개인의 문제니까요. 부모가 아이에게 밥도 안 주면서 "행복해져라."라고 말하는 건 이상하지만, 어느 정도 환경을 조성해 주었다면 나머지는 아이에게 달려있습니다.

    마루칸에 입사해 **"행복하게 만들어 주세요!"**라고 말해 봤자 제가 남의 행복을 대신 이루어 주는 건 불가능합니다. 하지만 이 말이 **"당신은 행복해질 수 없어요."**라는 뜻은 아닙니다.

제가 누군가에게 상품을 제공하거나, 판매법을 알려 주거나, 행복해지는 사고방식을 가르쳐 줄 수는 있습니다. 그러나 실제로 행복해질지 말지는 그 사람 자신의 행동에 달려있습니다. 행동하지 않는 사람을 보면 '어떻게든 도와주고 싶어!'라는 생각이 들지도 모르지만, 그것은 **'얕은 사랑'**입니다.

그보다 자신이 할 수 있는 일은 미리 해 둔 다음, 나머지는 상대를 믿고 맡기는 편이 좋습니다.

'믿음'이야말로 '깊은 사랑'입니다.

이 책을 읽으면서도 배우고 싶은 사람은 배웁니다. 그러나 배우고 싶지 않은 사람에게 억지로 책을 읽히려 해서는 안 됩니다. 배우고 싶지 않은 사람에게 억지로 가르치려 드는 것은 사랑이 아닙니다.

자신의 정신적 성장을 위해 노력하되, 상대의 정신적 성장도 믿어주는 것, 이것이 **'진실한 사랑'**입니다.

보답을 바라면
괴로워집니다

타인을 위해 행동하는 것은 매우 멋진 일입니다.

다만 그때는 두 가지 사항을 염두에 두고서 행동해야
합니다.

첫째, '내가 이 일을 하고 싶어서' 한다.

둘째, '조건 없는 사랑'으로 행한다.

자신의 배움과 타인의 배움은 별개의 문제입니다. 그렇
다고 이 말이 타인을 도와서는 안 된다는 뜻은 아닙니다.

하지만 남을 도왔을 때는 당신이 원해서 도운 것이므로, 절대로 대가를 원해서는 안 됩니다. 인간이 신처럼 무언가를 베풀고자 할 때는, 신이 그러하듯 '**조건 없는 사랑**'으로 행해야 합니다.

회사에서 일을 하고 월급을 받거나 돈을 지불하는 행동은 비즈니스입니다. 따라서 비즈니스에서는 대가를 바라도 됩니다. 게다가 비즈니스의 경우는 상대가 기뻐하며 대가를 지불하는 일도 많으니까요.

무료면 좋고 유료면 나쁘다는 문제가 아닙니다.

자원봉사든 육아든 대가 없는 일을 하는 중 껄끄러운 느낌이 든다면, 당신이 무언가를 기대하거나 보답까지는 아니더라도 '**감사받고 싶다**'라는 마음을 지니고 있기 때문일지도 모릅니다. 그럴 때는 진정으로 자신이 하고 싶은 일인지, 조건 없는 사랑으로 행하고 있는지를 다시 한 번 확인해 볼 필요가 있습니다.

궁리하면
서로 성장할 수 있습니다

'행동'이란 목표나 문제에 대한 구체적인 대처입니다.

"남편이 이런 말도 안 되는 소릴 하더라고요!"라며 흥분해서 상담을 청해 오는 분들이 종종 있는데, 저는 그분의 남편도 아니고 남편을 그분께 소개한 사람도 아니잖아요?(웃음)

불만이 있다면 본인에게 직접 말해야 합니다.

남에게 한탄하거나 푸념을 늘어놓으면, 말한 사람은 마음이 홀가분해질지 몰라도 듣는 사람은 몸과 마음이 피곤해집니다.

만약 부부 사이에 문제가 발생했다면 혼자 꾹 참지 마세요. 예컨대 배우자에게 몹시 상처가 될 만한 말을 들었다면, 다음 날 마음을 진정시킨 후 "어제 당신이 했던 이러저러한 말 때문에 나는 몹시 상처받았어."라고 확실하게 말하면 됩니다.

이런 행동을 통해 나와 상대의 정신은 함께 성장할 수 있습니다. 그러니 '나는 성장하고 싶으니까 잠자코 있을래.'라고 생각해서는 안 됩니다. 그럴 경우 점점 상대와 멀어지며 언젠가 인연이 끊어집니다. 물론 그것도 일종의 배움이지요.

만약 서로 사이가 멀어졌는데도 인연이 끊어지지 않고 계속 같이 있다면, '부인도 크게 배움을 얻지 못했다'는 뜻이 됩니다. 왜냐하면 행동이 수반되지 않았으니까요.

회사에서도 상사가 금방 화를 내는 사람이라면 옆에서

화를 돋우지 않도록 말하는 법을 궁리해 보세요. 상대가 수용할 수 있을 법한 방식으로 말하면 됩니다.

자신의 생각을 상대에게 전달하는 방식을 배우고 실천하다 보면 결국 서로의 정신적 성장으로 이어진답니다.

"부장님께 그런 말을 하면 화내실 텐데."라고 걱정하는 사람도 있겠지요. 그래도 화를 돋우지 않도록 말하는 법을 궁리하고 행동하는 것이 정신적으로 성장하는 길입니다.

이렇게 말하는 방식부터 하나씩 개선에 개선을 거듭해 나가면 결과도 계속 바뀌게 됩니다.

만약 어떤 일이 처음부터 잘 풀린다면, 지금까지 그 일과 관련된 다른 일을 통해 당신도 모르게 개선을 거듭해 온 덕분입니다.

자신의 행동에
책임을 지는 사람은 자신뿐입니다

이 세상은 선택의 연속입니다.

만약 여러분이 **그 선택에 책임을 진다면 정신적 성장으로 이어지지요.** 그러므로 부모가 자식에게 해 줄 수 있는 최고의 **교육은 스스로의 행동에 책임을 지는 법을 가르치는 것입니다.**

그러나 "일단 한다고 정했으면 끝까지 해야지!"라는 식의 융통성이 없는 태도는 좋지 않습니다. 잘 안 되면 몇 번이고 개선하면 됩니다. 개선을 계속해 나가는 것이 중요하니까요.

아이들에게 가르쳐야 할 점은, 어떤 일이든 반드시 자신이 한 행동에 대해 최종적으로 스스로 책임을 져야만 한다는 사실입니다.

이를테면 등교를 거부하는 중학생에게 "가기 싫으면 안 가도 되지만, 중학교를 안 가면 고등학교도 못 가. 그러면 물론 대학교도 못 가고, 취직할 때 고생하게 되지."라고 말해 준 뒤에도 끝까지 학교에 가기 싫다고 하면 최종적인 책임은 아이에게 있습니다.

자기가 진 빚은 반드시 스스로 갚는 것이 세상의 법칙입니다. 그러니 빚을 갚을 각오로 하는 행동이라면 괜찮습니다.

부탄가스를 흡입하거나 각성제를 복용하는 사람은 주변에서 뭐라고 충고를 하든 스스로 깨닫기 전에는 결코 멈추지 않습니다. 그럴 경우 부모가 할 수 있는 일은, **아이에게 자신이 진 빚은 언젠가는 스스로 갚아야 한다는 사실을 가르쳐주는 것뿐입니다.**

당연히 경찰에 체포되기도 하고 주변에 있던 사람들이

점차 떠나는 경우도 있습니다. 그럴 때 부모는 "그 사실을 알고서도 지금 그 행동을 계속 하는 거니?"라고 묻는 것만으로 충분합니다.

사람은 배울 만큼 배우면 반드시 그만둡니다. 억지로 그만두게 만들면 오히려 다시 하게 되지요. 왜냐하면 스스로 깨우칠 때까지 배우고 싶어 하는 게 사람이거든요.

부모는 현명합니다. 적어도 자식보다 오래 산 만큼의 지식이 있습니다. 하지만 자식은 모릅니다. 그러니 배우고 싶어 합니다. 부모들 중 일부는 자식에게 실패를 맛보이기 싫어서 경험조차 시키지 않으려는 경우도 있습니다.

하지만 아이는 여러 가지 일들을 경험해 보고 싶어 합니다. 그리고 그 일을 통해 스스로 배우고 싶어 합니다. 그 마음을 이해해 주는 것도 부모의 역할이겠지요.

부모가 억지로 자식의 배움을 막았을 때, 얌전한 아이라면 '부모에게 폐를 끼치는' 방식으로 반항을 합니다.

외향적인 아이는 난동을 부리거나 폭력을 휘두르기도

합니다. 내성적인 아이는 병에 걸리거나 스스로에게 상처를 입히지요.

부모는 "나는 아무것도 잘못한 게 없는데."라고 말하겠지만, 사실은 그렇지 않습니다. 아이가 경험하려는 일을 일일이 반대해서 중지시켰으니까요. 이 세상에는 그 사실을 모른 채 괴로워하는 사람이 아주 많습니다.

중요한 점은 '자신의 행동에 책임을 질 사람은 자기 자신밖에 없다.'라는 점을 부모와 아이가 모두 알아야만 한다는 것입니다.

하늘은
스스로 돕는 자를 돕습니다

"신에게 기도했더니 소원이 이루어졌어!"라는 사람들
이 있습니다. 하지만 단지 기도만으로 소원이 이루어졌을
리는 없습니다. 기도의 내용을 행동으로 옮겼으니 소원이
이루어졌다고 해야겠지요.

행동으로 옮길 때도 같은 행동을 반복한다면 아무 소용
이 없습니다. 잘되지 않으면 개선해야 합니다. 몇 번이고
개선을 거듭해 나갈 때 '참된 행동'이 됩니다.

기도나 염원은 '**마음의 행동**'입니다. 이러한 마음으로 하는 행동도 필요하지만, '**몸으로 하는 행동**' 또한 필요합니다.

괴롭거나 힘들 때 신에게 의지하거나 기도하는 게 나쁜 일은 아닙니다. 다만, 스스로 행동하지 않으면서 기도만 한다면 그 일이 잘 풀릴 리 없습니다. 하늘은 스스로 돕는 자를 도우니까요. 남을 위해 노력하는 행동은 고귀한 일이지만, 일단은 스스로를 위해 노력하지 않으면 안 됩니다. 저의 제자들은 모두 사업가로서 크게 성공했는데, 이는 저의 업적이 아니라 제자들이 스스로를 위해 노력한 결과입니다. 만약 제가 제자들을 위해 노력하고 제자들은 저를 위해 노력했다면 함께 망했겠지요.

'남을 위함'이라고 적고 '가짜'라고 읽습니다.

남을 위한 노력이 나쁘다는 뜻은 아닙니다. 누군가를 위해 노력하는 것은 고귀한 일이지요. 그러나 우선은 스스로를 위해 노력해야 합니다. 그 노력으로 상대가 기뻐해 주고, 세상이 기뻐해 주고, 마침내 신에게 만점을 받는다면 당신은 분명 성공할 것입니다.

전력을 다하는 사람만이
운이 좋아집니다

만약 행동을 했다면 그다음 중요한 일은 **'전력을 다하는 것'**입니다. 훌륭한 능력을 갖췄는데도 성공하지 못하는 사람이나 열심히 한다고 하는데도 왠지 운이 따라주지 않는 사람에게는 공통된 특징이 있습니다. **바로 '전력을 다하지 않는 것'입니다.**

'전력을 다하는 사람'에게는 하늘이 여러 선물을 내려 줍니다. 머리는 쓰면 쓸수록 좋아지고, 몸의 근육도 쓰면 쓸수록 강해집니다.

열심히 일하느라 손을 많이 쓴다고 해서 손이 닳아 없어지지는 않습니다. 오래 걸었다고 해서 다리가 닳아 없어지지도 않습니다.

전력을 다하는 사람이 어떻게 해서 행복해지는지에 관한 재미있는 이야기를 들려 드리겠습니다.

어느 마을에 두 남자가 살았습니다. 한 사람은 체격이 우람하고 힘이 셌습니다. 이 사람은 밭을 300평이나 갈수 있었는데도 게으름을 피워서 200평 밖에 갈지 않았습니다.

다른 한 사람은 몸이 약해서 밭을 50평 밖에 갈 수 없었습니다. 300평을 갈 수 있는 사람의 눈에는 한심하게 보이겠지요. 하지만 몸이 약한 사람은 전력을 다해 열심히 50평을 갈았습니다. 그러자 처음에는 50평을 갈던 사람이 점차 60평, 70평을 갈게 되어, 이윽고 100평을 갈 수 있게 되었습니다.

한편 300평을 갈 수 있는 능력이 있는데도 200평 밖에 갈지 않았던 사람은 근력이 떨어져서 66평, 22평으로 점점 밭을 가는 힘이 약해져 갔습니다.

게다가 무슨 까닭인지 전력을 다한 사람에게는 좋은 일만 계속 일어나고, 그렇지 않은 사람에게는 나쁜 일만 계속 일어났습니다.

결국 300평을 갈 수 있었던 사람은 처음에 50평 밖에 못 갈았던 사람을 보며 "어째서 저런 녀석이 나보다 운이 좋은 거야? 이 세상에는 하느님도 부처님도 없는 게 분명해!"라고 말했습니다.

하지만 오히려 하느님도 부처님도 계시기에 이런 일이 일어나는 것입니다.

전력을 다해서 행동하는 사람과 힘이 있는데도 게으름을 부리는 사람의 운은 당연히 달라질 수밖에 없습니다.

지혜를 베풀면
몇 배가 되어 돌아옵니다

몸의 근육뿐 아니라, 머리에 있는 지식이나 지혜도 전력을 다해 쓰지 않으면 잊어버립니다. 뇌도 쓰지 않으면 점점 능력이 떨어지게 됩니다.

책을 읽고 열심히 공부하는 건 물론 좋지만, 모처럼 배운 지혜를 방치해 두면 썩어서 무용지물이 됩니다. 따라서 지식이나 지혜를 익혔다면 자꾸 꺼내 써야 합니다.

또 배운 지식이나 지혜를 자신을 위해 쓰는 일도 필요하지만, 상대를 위해 얼마나 전력을 다해 쓸 수 있는지도 중요합니다.

"좋은 방법을 알았으니 나를 위해서만 써야지."

이런 말을 하는 사람도 있는데, 이 얼마나 **'쓸쓸한 사고방식'**인가요. 써서 없어지는 물건이라면 어쩔 수 없지만, 지식이나 지혜는 아무리 써도 닳아 없어지지 않습니다.

또 **"주변 사람들이 묻지 않으니 알려줄 수 없어요."**라는 사람도 있습니다. 하지만 그에게 지식이나 지혜가 있는지 없는지 주변 사람들은 모릅니다.

그러니 유익한 지식을 배웠다면 주변 사람들에게 알려주세요. 설령 이미 알고 있던 지식일지라도, 상대는 **'아, 이 사람은 나를 신경 써 주는구나!'**라며 기뻐할 것입니다.

지식이나 지혜를 비축해 두기만 하면 안에서 썩어서 당신의 몸과 운세를 망치게 됩니다.

'공짜로 알려주긴 아까운데.'

이렇게 생각할지도 모르겠지만, 당신이 베푼 것은 반드

시 당신에게 돌아옵니다. 그것도 몇 배나 더 커져서 돌아
온답니다. 그러니 절대로 아까워할 필요가 없습니다.

매사에 전력을 다하세요.

그리고 남과 비교할 필요도 없습니다. 당신에게 그 행
동이 최선이라면 그걸로 충분하니까요. 처음에는 미약한
힘일지도 모릅니다. 하지만 매번 전력을 다한다면 그 힘
은 반드시 점점 커집니다.

전력을 다하고 또 다한 끝에는 반드시 당신의 길이 열
릴 것입니다.

3장의 포인트

◆ 행동을 통해 얻는 배움은 영혼의 양식입니다.

◆ '성공'이라는 목표보다 그곳을 향해 가는 '여정'을 즐기세요.

◆ 행동해서 잘 안 될 때는 개선을 거듭하면 됩니다.

◆ 배우고 싶지 않은 사람에게 억지로 권하지 마세요.

◆ 남을 위해 행동할 때는
자신의 의지와 대가 없는 사랑을 바탕으로 해야 합니다.

◆ 자신의 행동에 책임을 질 사람은 자기 자신밖에 없습니다.

◆ 하늘은 스스로 돕는 자를 돕습니다.

◆ 전력을 다하는 사람은 운이 좋아집니다.

부자의 비밀편지 3

지금보다
넉넉해지고 싶은 사람에게

지금보다 넉넉해지고 싶다면 우선 마음을 넉넉하게 만들어야 합니다. 이를테면 자신의 행동이나 말, 표정 등을 **'넉넉한 사람'**과 비교해보세요.

'넉넉한 사람은 이런 행동을 할까?', '넉넉한 사람은 이런 말투를 쓸까?' 그렇게 생각하며 지금 할 수 있는 일을 하다 보면 마음이 저절로 넉넉해집니다.

경제적으로도 정신적으로도 넉넉한 사람은 으스대지 않으며 모든 사람에게 친절합니다. 그런데 경제적으로 풍족하지 않더라도 겸손하고 친절할 수 있습니다.

피부 관리를 받거나 헤어스타일을 바꾸는 등 큰돈을 들이지 않아도 넉넉하게 보이도록 만드는 방법은 얼마든지 있습니다. 대다수의 사람들은 **'부자가 되면 이렇게 해야지.'** 라고 생각하지만, 빈곤한 행동만 해서는 절대 부유해지지 않습니다.

할 수 있는 일조차 행하지 않고서 '부자가 되고 싶어.', '행복해지고 싶어.'라고 빌어 봤자 소원이 이루어질 리 없습니다.

그러므로 '부자가 되면 해야지.'가 아니라, 지금 할 수 있는 일부터 당장 해야 합니다.

이를테면 차를 운전할 때도, **'진짜 부자는 어떻게 운전할까?'**라고 상상하면서 해 보세요.

고급차를 타고서도 무리하게 끼어들거나 난폭 운전을 하는 사람이 있습니다. 그런 차를 보면 설령 그 차가 벤츠일지라도 **'저 녀석은 졸부로군.'** 하는 생각이 듭니다.

다시 말해, 그런 운전은 졸부나 할 법합니다. 진짜 부자라면 좀 더 우아하게 운전할 테니까요.

저는 어느 사업가 제자가 처음 산 중고 코롤라*를 '메르세데스 벤츠 코롤라 II · 코르사'(웃음)라고 명명한 뒤 이렇게 덧붙였습니다.

"이 차를 탈 때는 벤츠를 탄 것처럼 우아하게 운전해야 하네. 자네 차선에 들어오려는 차가 있다면 친절하게 넣어 주게. 그렇게 마음부터 넉넉해야 만사가 잘 풀리는 법일세."

경제적으로도 정신적으로도 넉넉해지고 싶다면 지금 당신이 할 수 있는 일부터 실천하세요. 그러면 점점 풍요로움이 당신을 따라옵니다.

저의 제자들도 처음부터 풍족하지 않았습니다. 하지만 가능한 부분부터 넉넉하게 바꾸어 나갔더니 어느새 모두가 풍족해졌지요. 할 수 있는 일을 하지 않고서 불가능한

* 토요타의 소형 세단.

일을 바라는 사람은 **'실패자'**입니다.

'감사의 마음' 또한 잊지 말아야 합니다.

노력하는 자신에 대한 감사.

도와주는 주변 사람들에 대한 감사.

그리고 커다란 사랑으로 우리를 지켜주는 신에 대한
감사.

항상 감사하는 마음을 가지다 보면, 다시 또 감사해야
할 일들이 일어납니다. 그 감사의 마음이 당신을 더욱 풍
요롭게 만들어 줄 것입니다.

"기운 난다!'라는 말의 힘을 아시나요?"

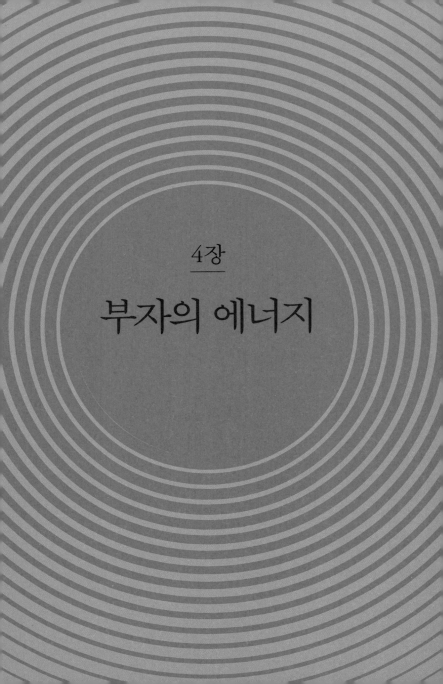

4장

부자의 에너지

'마음'이란
무엇일까요?

행동의 소중함과 중요성은 알면서 좀처럼 실행하지 못하는 사람들이 우리 주변에는 많습니다.

이번 장에서는 **'행동을 방해하는 것'**의 정체를 밝혀내고, 꿈과 목표를 이루기 위해 **'생각을 구체적인 행동에너지로 옮기는 방법'**을 알아보겠습니다.

무언가를 행동으로 옮기려 할 때, '어차피 해 봤자 안 될 게 뻔해.', '나는 못 할 거야.', '실패하면 어쩌지?'라는 생각이 들어서 발을 내디딜 수 없는 경우가 있지요.

이런 생각은 바로 '**마음**'에서 비롯됩니다. 그러면 도대체 '마음'이란 무엇일까요?

'마음'이라는 단어는 지식이나 감정, 의사나 기분 등의 총체를 일컫습니다. 즉 '인간의 정신활동의 근원'입니다.

그러면 정신활동의 근원은 어디에 있을까요? 그것은 시각과 청각 등 인간의 감각을 통해 들어온 정보와, 과거의 기억이나 잠재의식 속에 있는 전생의 경험, 나아가서 신에게 부여받은 것 등이 섞인 지점에 있습니다.

그러니 우리의 마음은 가을 날씨처럼 변하기 쉽고, 어지간해서는 스스로 억제하기 힘듭니다.

인간의 의식은 '**현재**顯在**의식**'과 '**잠재의식**' 이 두 가지로 나뉩니다.

평소 우리가 사물을 보거나 생각할 때 사용하는 영역이 현재의식입니다. 그런데 현재의식이 의식 전체에서 차지하는 비율은 빙산의 일각입니다. 수면 아래에는 우리가 직접 인지할 수 없는 엄청나게 거대한 영역이 있는데, 이

것이 바로 '**잠재의식**'입니다.

잠재의식 속에는 과거의 산더미 같은 경험들이 데이터베이스처럼 쌓여 있습니다. 이를테면 과거에 일어난 '덴포 대기근'*처럼 먹을 것이 없어서 수많은 사람들이 허기에 시달린 일이나 전쟁과 분쟁으로 서로를 죽인 일 등 몇 세대에 걸친 과거의 기억들이 쌓여 있는 것이지요. 그러한 기억의 조각들은 때때로 '현재의식' 위로 떠오릅니다.

가끔 "전 항상 부정적인 것만 생각해요."라는 사람이 있습니다. 그것은 아무 생각도 하지 않으면 잠재의식 속에 있는 과거의 부정적인 일들이 머릿속에 떠오르기 때문입니다. 그러므로 우리는 부정적인 생각이 떠올랐을 때, 그 일이 실제로 자신에게 일어날 것인지 판단할 필요가 있습니다.

개중에는 자신에게 일어나지도 않을 일을 걱정하거나 두려워하는 사람이 있습니다. 그러나 현실적으로 일어나지 않을 법한 일까지 근심하는 행동은 그저 '**사서 하는 걱정**'

---

* 홍수와 한파로 인해 1833년에서 1837년에 걸쳐 일본에서 일어난 대기근.

입니다.

예를 들면 오키나와에서 한 여성이 스토커에게 살해당했다는 뉴스를 보고 '무서워라, 나도 스토커가 따라다니면 어쩌지!'라고 걱정하는 사람이 있습니다. 하지만 그 일은 피해자 여성의 문제일 뿐, 정작 걱정하는 사람의 실제 문제는 '남자친구가 없는 것'인 경우도 있습니다.

'다른 나라들이 일본에 식량을 안 판다고 하면, 일본 사람들은 모조리 굶어 죽지 않을까?'라고 걱정하는 사람이 있다고 합시다. 그러나 그 사람의 실제 문제는 과식으로 인한 비만일 수도 있습니다.

용기란
두려워도 한 걸음 내딛는 자세입니다

우리의 마음은 아무것도 생각하지 않으면 부정적인 상상을 하게 됩니다. 그러니 부정적인 일들이 떠오르면 '이 일이 과연 실제로 내게 일어날까?'라고 생각해 보세요.

일어나지도 않은 문제에 대한 걱정은 '생각하지 않기 때문에' 생깁니다. 실제로 문제가 일어났다면 행동으로 대처하면 됩니다. 그러면 문제는 해결될 테니까요.

어쨌든 우리는 이 세상에 고민하기 위해 태어나지 않았습니다. 문제를 해결하기 위해 태어났지요.

문제 해결을 위해 정면으로 도전하면, 인생의 길이 활짝 열리고 무한한 가능성이 반드시 생겨납니다.

그러므로 문제가 발생했을 때 한발 물러서서는 안 됩니다. **'눈앞의 문제'**라는 문을 노크해서 열어야지요. 그러면 그 문 건너편에 앞으로 나아갈 길이 펼쳐져 있습니다. 그러니 무조건 시도를 해 봐야 합니다. 몇 번이고 해 봐야 합니다.

거대한 문제를 눈앞에 두었을 때, "다리가 후들거리고 용기가 나지 않아."라는 사람도 있겠지요.

하지만 용기란 '두려워하지 않는 것'이 아닙니다. 두려움에 떨면서도 한 발자국 내딛는 것이 '진정한 용기'입니다.

아무것도 두려워하지 않는 사람은 단지 둔감할 뿐입니다. 당신처럼 두려워하면서도 한 걸음 내딛는 사람에게는 반드시 좋은 일이 일어납니다.

가령 남 앞에서 말하는 것을 두려워하는 사람이라도,

노력해서 부족한 점을 거듭 개선해 나가다 보면 나름대로 요령이 생길 테지요.

처음부터 "나는 남 앞에서도 긴장 안 해."라고 말하는 사람은 발전이 없습니다. 그런 사람은 갈수록 뻔뻔해질 뿐 아니라 청중의 공감을 얻기도 힘듭니다.

반면 남 앞에 서면 긴장하는 사람이 한발 한발 내디뎌 노력한다면 먼 훗날 멋진 이야기를 할 수 있게 됩니다.

어쨌거나 우리의 마음은 아무것도 생각하지 않으면 부정적인 일들을 떠올리게 되어 있습니다.

이를 **'그렇지 않아, 그럴 리 없어!'**라고 긍정적으로 이끌어 나가는 것이 나 자신의 역할이며, 이번 생에서 해야 할 일이라고 생각해 보세요. 그러면 인생이 훨씬 더 즐거워질 것입니다.

행동의 한계를
깨닫는 것도 중요합니다

부모나 주변 사람들의 반대를 핑계로 행동하지 않는 사람도 있습니다. 하지만 이는 사실 부모의 문제가 아닙니다.

그런 사람은 제가 "당신은 행동하는 편이 좋습니다."라고 조언한 후 "자, 하시겠습니까?"라고 물어봐도 하지 않을 사람입니다. 다시 말해 그 사람은 **'남을 핑계로 행동하지 않는 성격'**입니다. 지금은 그 정도밖에 할 수 없는 사람이지요.

그게 나쁘다는 이야기는 아닙니다. 아직까지 누군가

를 핑계 삼아 행동하지 않을 정도의 행동력밖에 갖추지 못한 것이니까요.

게다가 부모나 주변 사람들이 반대한다고 해서 행동을 그만두다니, 정말로 말을 잘 듣는 사람이 아닌가요? 게다가 부모나 주변 사람들은 그가 '실패하지 않기를 바라는 마음'에서 충고합니다. 걱정해 주는 거지요.

물론 질투나 시샘 때문에 반대하는 사람도 있을지 모르겠지만, 고작 그 정도의 반대로 행동하지 않는다면 그 사람의 행동력 역시 그것밖에 안 되는 겁니다.

그러니 우선은 '내게는 아직 주변에서 반대하면 못하는 정도의 행동력밖에 없구나.'라는 점을 깨달아야 하겠지요.

그 사실을 깨달았다면 그런 성격을 고쳐 나가면 됩니다.

인생이란
강江의 흐름과 같습니다

"'이렇게 하면 잘된다.'라는 방법이 있다면 하나만 알려 주세요."라는 질문을 여러분이 한다면, 제가 가르쳐 줄 수 있는 방법은 어쨌든 **'행동하고, 개선하고, 개량하는 것'**입니다.

맞바람이 불어오면 "이 바람을 상승기류 삼아서 위로 올라가자!"며 더 열심히 행동하고, 순풍이 불어오면 "드디어 때가 되었군." 하며 행동에 박차를 가하세요.

인생이란 '강江의 흐름'과도 같습니다.

만약 당신이 강물이라면, 흘러가는 길 앞에 산이 있을 때 어떻게 하겠습니까? 피하면 되지요. 움푹 팬 땅이 있다면 물을 채워서 호수로 만들면 되고요.

그렇게 해서 물이 가득 차면 또다시 앞으로 나아갑니다. 그런 식으로 바다를 향해 오로지 '전진'하는 거지요. 이와 마찬가지로 행동을 할 때도 장애물이 있다고 해서 포기하면 안 됩니다. **장애물은 피하면 되니까요.**

우리는 유연하게 사고할 수 있습니다. 우리의 지혜는 단단해서 변하지 않는 광물 같은 것과는 다르니까요.

물처럼 부드러우나 때로는 지형을 바꿀 정도의 힘이 있는 지혜.

우리는 그런 지혜를 낳을 수 있습니다. 우리의 인생도 이리저리 휘어지면서, 때로는 폭포가 되고 때로는 호수가 되면서 큰 바다를 향해 나아가고 있습니다.

에너지는
마음의 상태에서 나옵니다

우리가 행동하기 위해서는 기력, 스태미나, 파워 같은 에너지가 필요합니다. 많은 사람들은 이러한 에너지를 음식에서 얻는다고 생각하지요. 물론 아무것도 먹지 않고 힘을 낼 수는 없습니다. 그러니 음식도 에너지의 중요한 원천 중 하나입니다.

하지만 음식만으로 에너지 넘치게 행동할 수 있는가 하면, 그렇지 않습니다.

에도시대의 상인과 농민들은 아침부터 밤까지 쭉 몸을

움직여 일했습니다. 우리는 그 시대 사람들보다 몇 배나 더 많은 열량을 매일 섭취합니다. 우리의 에너지 섭취량은 당시의 가장 부유했던 영주보다도 많습니다.

이 말인즉슨, 피곤하거나 기운이 없거나 힘이 안 나는 이유는 오직 음식 때문만은 아니라는 이야기지요.

예컨대 피곤해서 꼼짝할 수 없을 때라도, 좋아하는 사람에게 전화가 걸려와서 **"지금 술 한잔 할래?"**라는 말을 들으면 갑자기 기운이 납니다.

"나는 조금만 돌아다녀도 피곤해."라는 사람이라도 디즈니랜드에서는 아침부터 밤까지 걸어도 전혀 지치지 않는 경우도 있습니다. 역시 기력이나 스태미나는 영양만의 문제가 아닌 것이지요.

그러므로 우리가 에너지 넘치게 행동하기 위해서는 무엇보다도 '마음의 상태'가 중요합니다.

"즐겁다. 즐거워!"라고
소리 내어 말해 보세요

옛날 사람들은 요즘 사람들보다 영양 섭취량이 적었는데도 더 많이 일했습니다. **이는 옛날 사람들이 생기발랄하게 살았기 때문이지요.**

오늘날 생기발랄한 사람을 보기 힘든 이유는 **'생기발랄한 사고방식'**을 가진 사람이 그만큼 적어서입니다.

시험 삼아 **"기운 난다!"** 혹은 **"힘 난다!"**라고 소리 내어 말해보세요. 마음속으로 외쳐도 좋습니다. 그러면 **'말의 힘'**이 작용해서 기운이 솟게 되어 있습니다.

말의 힘은 우리의 마음을 무엇과 연결하느냐에 따라 다르게 작용합니다.

텔레비전은 NHK에 채널을 맞추면 NHK의 전파를 수신합니다. 다양한 전파가 섞여 들어와도, 보려는 채널과 같은 주파수를 미약하게라도 발신하기만 하면 그 채널에 연결될 수 있습니다.

이와 마찬가지로 사람의 잠재의식 속에는 즐거운 일, 괴로운 일, 기쁜 일, 무서운 일 등 여러 가지 일들이 섞여 있습니다. 이런 여러 가지 정보들 가운데 **어디에 의식을 연결시키는지에 따라 일어나는 현상도 달라진답니다.**

우리는 우리의 의식을 어디에 연결시킬지 선택할 수 있습니다. 그러니 즐거운 일과 연결하고 싶다면 **"즐겁다, 즐거워!"**라고 말해 보세요. 그러면 당신에게 반드시 즐거운 일이 일어날 것입니다.

마지막에 하는 말이
미래를 결정합니다

말을 할 때는 마지막에 무슨 말을 하는지가 가장 중요합니다.

예를 들어 택시를 타고 "신주쿠까지 가주세요."라고 했다가 "그냥 신코이와로 가주세요."라고 정정한다면, 택시 기사는 손님을 신코이와로 데리고 가겠지요.

이와 마찬가지로 "괴로워." 혹은 "힘들어."라고 말했더라도 마지막에 **"그래도 즐거워."**라고 덧붙이면 잠재의식은 즐거운 일을 불러일으키려 합니다. 반대로 마지막으로 한 말이 부정적이라면 부정적인 일을 불러일으킵니다.

우리의 무의식에는 막대한 정보가 있습니다. 우리는 그 정보에 의식을 연결시킬 수 있습니다.

바꿔 말하자면, 사람에게는 '생각을 실현시키는 힘'이 있습니다. 이때 '생각'은 그 사람이 마음속으로 한 말입니다. 그 말에 따라 그 사람에게 일어나는 일이 달라지지요.

많은 사람들은 잠재의식이 막대한 **'정보의 저장고'**라는 사실을 모릅니다.

또한 그 저장고에서 자신이 원하는 것을 꺼내거나 연결시킬 수 있다는 사실도 모릅니다. 그러니 좋은 정보든 나쁜 정보든 뒤죽박죽으로 꺼내 버리는 것이지요.

생각에 에너지를 더하면
이루어집니다

어떤 사람이 '멀리 떨어져 있는 사람과 직접 대화를 나누고 싶어.'라고 상상한 결과, 전화를 발명했습니다. 또 어떤 사람이 밤하늘을 올려다보며 '저 달에 가보고 싶어.'라고 생각한 뒤 그 결과로 로켓을 발명했습니다.

이처럼 '생각'에 '에너지'를 더하면 물질적 형태를 띠게 됩니다.

'하늘을 날고 싶다.'라는 생각에 '긍정의 에너지'를 더

했더니 비행기가 탄생했습니다. 마찬가지로, 생각에 '두려움'이라는 에너지를 더하면 이 또한 형태로 드러나 **'두려워할 만한 일'**을 불러일으키게 됩니다.

따라서 누군가에게 싫은 일을 당했다면 "그런 짓은 그만두십시오."라고 경고하는 등 **'회피의 에너지'**를 더해야 합니다. 계속 참다 보면 **'두려움의 에너지'**가 축적되어 또다시 두려워할 만한 일이 형태로 드러나게 되거든요. '싫은 일'이란 단순히 우연이 겹쳐서 일어나는 것이 아닙니다.

'생각하는 것'을 멈출 수는 없습니다. 하지만 좋은 생각에는 **'긍정의 에너지'**를 더해서 현실화시키고, 나쁜 생각에는 **'회피의 에너지'**를 더해서 현실이 되는 것을 막을 수는 있습니다.

사람은 에너지를 구분해서 쓸 수 있으니까요.

이루고 싶은 생각에
압력을 가하세요

생각이 강하면 강할수록 에너지는 커집니다.

그렇다고 보통 사람의 두 배에 달하는 성공을 거둔 사람의 에너지가 평균보다 두 배나 더 큰가 하면, 그렇지는 않습니다. 사람들의 에너지 크기는 누구의 것이든 다 비슷합니다.

그러면 남보다 두 배 더 성공한 사람과 보통 사람의 차이점은 뭘까요? 바로 **에너지를 쓰는 방법**입니다.

가령 권총 탄알에서 화약을 빼면 불을 붙여도 "푸슛" 하고 타버릴 뿐입니다. 화약을 펼쳐 불을 붙이면 타긴 해도 폭발하지 않습니다.

하지만 화약을 탄알에 단단히 넣고 압축해서 쏘면, 코끼리의 숨통도 한 방에 끊을 만한 위력을 발휘합니다.

이와 마찬가지로, 생각에도 압력을 가하면 에너지의 힘이 그만큼 커집니다. **꿈이나 목표에 대해 얼마만큼 집중해서 행동하는지가 중요한 이유는 이 때문입니다.**

꿈을 이루거나 목표를 달성하려는 생각에 압력을 가하면, 그것을 실현시키기 위한 에너지 또한 커집니다.

반대로 성공하지 못하는 사람은 자신의 에너지를 분산시킵니다. 그런 이들은 꿈이나 목표의 실현에 직접 관계가 없는 일만 하거나 이것저것 다른 일에 욕심을 내곤 합니다. 그러니 에너지가 분산되어 정작 중요한 일에는 집중할 수 없게 됩니다.

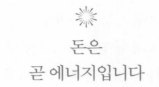

돈은
곧 에너지입니다

돈을 못 모으는 사람 중에는 돈이 에너지라는 사실을
모르는 사람이 많습니다.

돈은 에너지입니다.
그것도 무한한 에너지입니다.

'일본 전역에서 유통되는 돈을 누군가가 전부 다 쓸어
모은다면 없어지겠지.'라고 생각할지도 모르지만, 돈이
없어질 일은 결코 없습니다.

제가 아무리 돈을 많이 번다 해도, 그 돈을 들고 다닐 수는 없으니 은행에 맡기겠지요? 그러면 은행은 그 돈을 누군가에게 빌려주거나 투자해서 운용합니다. 그러니 돈은 없어지지 않습니다.

만약 돈이 부족해지면 나라에서 또 인쇄하게 되지요. 한데 돈을 모으지 못하는 사람은 '돈 모으기란 정말 힘들어. 쉽게 모으지 못하겠는걸.' 하고 생각합니다.

반면 '돈 모으기는 별로 어렵지 않아.', '이 세상은 풍요로워.'라고 생각하는 사람에게는 풍요로워지기 위한 아이디어가 샘솟습니다.

'이 세상은 냉혹하고 힘든 곳이야.'라는 생각을 가진 사람에게는 냉혹하고 힘든 생각만 떠오릅니다.

그러므로 인간은 **'무엇을 어떤 과정으로 생각하는지'**가 몹시 중요합니다.

'어느 쪽이 옳은가?'보다
'어느 쪽이 즐거운가?'를 생각하세요

우리는 우리의 정신을 성장시키기 위해 이 세상에 태어났습니다. '정신을 성장시킨다'는 의미는 곧 '이웃을 사랑하는 것'입니다.

사람은 저마다 다른 사고방식을 가지고 있습니다. 이웃을 사랑한다는 것은 **'자신과 다른 사고방식을 받아들이는 일'**입니다.

그러나 인간은 자신과 다른 사고방식이나 의견을 가진 상대를 무의식중에 바꾸려고 합니다. 이는 잘못된 일입니다. 우리는 사고방식이 다른 사람들과도 함께 더불어 살

수 있습니다.

'어느 쪽이 옳은가?'를 따지고 들면 괴로워집니다.
자칫 잘못하면 분쟁도 일어나지요.
그보다 중요한 것은 '어느 쪽이 즐거운가?'입니다.

이슬람교도라면 "기독교도 즐겁겠지만, 이슬람교도 즐
거워요."라고 말하면 될 일입니다.
그런데 "내가 맞아."라고 주장하기 시작하면 상대가 틀
린 것이 되니 싸움이 일어납니다.
사람은 저마다 배우는 점이 다릅니다. 모두 동등하게
배우는 점이 다릅니다.
연못에 사는 물고기는 가뭄이 이어져서 수면이 낮아지
면 한군데로 모입니다. 거기서 모두 몸을 맞대고 지내지
요. 가뭄이 더 오래 이어지면 어떻게 될까요? 연못의 물
이 아예 없어지겠지요. 그러면 모든 물고기들이 입에서
거품을 내뿜으며 거품 속으로 몸을 숨깁니다.
반대로 연못의 물이 풍부하면 호수 밑바닥으로 깊숙이
잠수하는 물고기도 생기고 수면 가까이에서 헤엄치는 물

고기도 생깁니다.

이와 마찬가지로 가정이 빈곤하면 큰딸은 엄마를 도와
주고 큰아들은 일하러 나가며, 동생들도 학교에서 돌아온
후에 집안일을 돕습니다. 비록 가난하지만 형제들이 협력
하며 살아가지요. 그러다 집안이 넉넉해지면 큰딸은 디자
이너가 되고 큰아들은 역사 연구를 하는 등 각자가 자신
이 하고 싶었던 일을 하기 시작합니다.

그렇다고 해서 '부자가 되니 형제들이 뿔뿔이 흩어졌
군.' 하고 생각하지 않습니다. 풍족해지면 여러 가지 일들
이 하고 싶어지는 법이니까요.

빈곤함 가운데 배우는 점도 있지만, 풍요로워지는 편
이 보다 더 많은 점을 배울 수 있습니다.

목숨은 시간, 무엇을 하든
목숨을 거는 태도가 중요합니다

저는 '사람은 몇 번이고 다시 태어날 수 있다'고 생각합니다. 그러니 이번 생에서 하지 못했던 일이 있다면 내세에서 하면 됩니다.

하지만 역시 이번 생은 '단 한 번뿐'입니다. 그런 한 번뿐인 인생을 살아가는 저의 심정을 다음의 시로 표현해 봅니다.

절대적인 긍정

절대적인 적극

언제든 어디서든 목숨을 건다

인간은 태어난 이상 반드시 죽습니다. 이 말인즉슨, 인간은 태어난 순간부터 죽음을 향해 점점 나아가고 있다는 뜻입니다. 그러니 이 원고를 쓰는 지금도 저는 목숨을 걸고 쓰고 있습니다. 다시 말해 매 순간 모든 일에 목숨이 걸려 있는 거지요.

온천욕을 할 때도 목숨을 걸고 합니다. 공부를 할 때도 목숨을 겁니다. **목숨이란 곧 시간입니다.** 따라서 "언제든 어디서든 목숨을 건다."라는 말은 그만큼의 '**내 시간을 들인다**'는 의미입니다.

"절대적인 긍정, 절대적인 적극"은 다음과 같은 뜻입니다. 우리의 목숨은 항상 앞으로 나아가고 있습니다. 반드시 1초씩 전진하고 있지요. 매사에 부정적이든 긍정적이든 시간은 앞으로만 나아갑니다.

"긍정적으로 생각했더니 시간이 거꾸로 흘러갔어요." 와 같은 일은 불가능하니까요.

우리는 언제나 앞을 향해 나아갈 수밖에 없습니다. 죽음을 향해 전진하고 있지요. 사람은 옆을 보면서도 전진하고, 뒤를 보면서도 전진합니다.

우리는 절대적으로 앞으로 나아가는 존재입니다. 뒤를 보거나 옆을 보거나 아래를 보는 사람도 있지만, 모두가 어디를 보든 앞으로만 나아갈 수밖에 없습니다. 그러니 어차피 나아간다면 긍정적으로 앞을 바라보는 편이 안전하지 않을까요?

우리가 살아가는 매 순간에는 목숨이 걸려 있으니, 눈앞에 있는 사람에게 친절하게 대하고 자신도 즐겁게 살아가야 합니다. 이것이 저의 생각이자 각오입니다.

4장의 포인트

◆ 우리의 잠재의식에는 먼 과거의 기억이 숨어 있습니다.

◆ 용기란 두려워하면서도 한 걸음을 내딛는 태도입니다.

◆ 마지막에 하는 말이 가장 중요합니다.

◆ 강물처럼 부드러우면서도 유연해지는 지혜가 필요합니다.

◆ 바꿀 수 있는 것은 나 자신의 행동뿐입니다.

◆ '무엇을 어떤 과정으로 생각하는지'가 몹시 중요합니다.

◆ 마음의 상태에 따라 기력과 파워가 달라집니다.

◆ "절대적인 긍정, 절대적인 적극, 언제든 어디서든 목숨을 건다."

인간관계를 통해
한 뼘 더 성장하고픈 사람에게

제가 매일 아침 꼬박꼬박 읊는 말이 있습니다.

나는 '신'입니다.
당신도 '신'입니다.
우리 모두 '신'입니다.

이 말을 읊으면 신의 존재를 보다 강하게 느낄 수 있습니다. 참고로 여기서 말하는 '신'이란 '우리 안의 신'입니다. 모든 사람에게 깃들어 있는 신이지요.

게다가 이 말을 되뇌다 보면 '나도 미숙한 신이지만 상대도 미숙한 신이구나.'라는 사실을 깨닫게 됩니다.

이런 시선으로 세상을 바라보면, 몹시 싫은 사람이 생기더라도 '이 사람은 미숙한 신이구나.'라며 웃어 넘길 수 있습니다. 이렇게 세상을 바라보는 시선이 달라지면 생각의 흐름 또한 바뀝니다.

세상이 나의 뜻대로 돌아갈 리 없으므로, 자신의 운을 진심으로 바꾸고 싶다면 **먼저 문제의 시선을 바꿔야 합니다.** 그러니 싫은 사람이 나타나면 "나는 신입니다. 당신도 신입니다. 우리 모두 신입니다."라고 마음속으로 속삭여 보세요.

그러면 '나도 미숙하지만, 저 사람도 미숙한 신이구나. 우리는 서로 성장하고 있는 신인 거야.'라고 생각할 수 있게 됩니다. 결국은 인간관계의 스트레스도 없어지고, 배움이 훨씬 더 즐거워집니다.

무슨 일이든
행동이 수반되어야 합니다

살다 보면 사람이 '불안'에 빠지는 일은 자연스러운 현상입니다. 하지만 걱정이 지나치거나 계속 불안한 마음에 시달리면 병이 듭니다. 병이 들면 일할 수 없어지고요. 그러면 어떻게 하면 될까요?

불안한 기분이 들 때는 "이 불안이 끝나면 좋은 일이 생길 거야.", "이 기분이 좋아!"라고 스스로에게 말해보세요.

사실 불안은 잠재의식 속 과거의 기억이 되살아나서 생기는 감정입니다. 내버려 두면 사라지지만, 얼마 안 있어 기억이 순환되면 다시 떠오르지요.

　그러니 불안한 마음이 수면 위로 올라오면, **"이 기분이 좋아."**라고 말해서 잠재의식 속으로 불안을 끌어내리면 됩니다.

　그러면 다음에 다시 불안이 올라올 때는 불안한 마음이 약해질 테니까요. 다음에 또 불안이 찾아들면 **"이 조마조마한 상태가 최고로 좋아!"**, **"이렇게 전전긍긍한 다음에는 늘 좋은 일이 생기더라."** 하고 되뇌어 보세요. 그러면 반드시 불안이 사그라들게 되어 있습니다.

　약간의 불안도 과장해서 받아들이는 사람이 있습니다. 그런 사람은 1만큼의 일을 100으로 생각하는 버릇이 있어서, 앞으로 일어날 일에 대해 100배 과장해서 생각하며 스스로를 불안으로 몰아넣습니다.

　만약 당신이 그런 사람이라면, 불안한 기분이 들 때 **"과장해서 생각하지 말자."**라고 스스로에게 수차례 말해 보세요. 그러면 불안한 기분이 다소 사그라듭니다.

물도 100도가 되면 끓어오르지만, 온도를 살짝 낮추면 끓어오르지 않습니다.

이와 마찬가지로 불안이나 걱정도 끓어오르면 사람을 병들게 하지만, 온도를 살짝 낮추면 병들지 않습니다. 불안과 걱정은 온도를 약간 낮추기만 해도 충분합니다.

그러나 무슨 일이든 행동이 수반되어야만 합니다.

약도 처방받은 봉투를 바라보기만 해서는 효과가 없습니다. 음식이 있는 식탁 위를 쳐다만 봐서는 영양을 섭취할 수 없으며 배도 채우지 못합니다.

어떤 이야기를 듣고 알겠다고 생각해도, 실제로 그 일을 행동으로 옮기지 않으면 결과는 절대 따라오지 않습니다.

그러니 무슨 일이든 우선 행동하세요.

'행동하는 습관'이 몸에 배도록 말이에요.

사이토 히토리

부록 1

100번 따라 읽는 마음의 주문

마음의 주문 1

"이대로도 좋아."

안녕하세요. 사이토 히토리입니다.

이 책의 부록으로 '100번 읽는 마음의 주문'이라는 글을 첨부하니 읽어 보세요. 읽다가 '이 이야기는 믿을 수 없군.'이라는 생각이 든다면 안 믿어도 좋고, '무슨 말인지 모르겠어.'라는 생각이 들어도 상관없습니다.

제게는 별로 어렵지 않게 느껴지는 이야기지만, 이 세상 사람들이 일반적으로 하는 말과는 조금 다르니 이 점은 염두에 두고 읽기 바랍니다.

우선 저는 본문에서 "지구는 행동의 별"이라고 했으나, 행동하기 전에 여러분들이 실천했으면 하는 일이 있습니다.

바로 하루에 몇 차례, 자기 자신에게 "이대로도 괜찮아!"라고 말해주는 일입니다.

이 세상에는 여러 종류의 사람이 있습니다. 어디에서건 달아나버리는 성격인 사람, 완고한 성격인 사람 등 모두의 성격은 가지각색입니다.

완고한 사람에게는 아마도 완고해지지 않으면 살아갈 수 없는 사정이 있었을 겁니다. 전생에서부터 지금까지 쭉 살아오는 동안에요.

어디에서건 달아나는 사람의 버릇은, 그러지 않으면 목숨이 위험해지는 일이 있었기에 생긴 게 아닐까요? 모든 나약한 사람에게는 강인해지지 못하는 이유가 있습니다.

하지만 '나는 이런 점이 나쁘군. 나쁘니까 고치자.'라는 식이 되면, **나쁜 씨앗이 뿌리를 내려서 나쁜 열매가 맺히게 됩니다.**

그러니 나쁜 점은 어쩔 수 없다 치고, 우선은 **"이대로도 좋아.", "애썼다.", "잘 살아 왔어."** 하고 훌륭히 노력해 온 자신을 칭찬하고 긍정하세요. 그러지 않으면 미래가 시작되지 않습니다.

"나는 이대로도 좋아."

이 말을 스스로에게 몇 번이고 말할 수 있게 되면, 남에게도 말해 줄 수 있게 됩니다. 일단은 '나 자신을 인정해야 한다는 점'을 꼭 기억해 두세요.

마음의 주문 2

"나는 분명 성공한다!"

지금 일을 찾고 있는 사람, 어떤 일을 시작하려는 사람
이라면 잘 들어보세요. 그 일이 사업이든, 취업이든, 시험
이든 상관없습니다.

지금부터 **돈 이야기**를 할 텐데, 뭔가 다른 얘길 기대했다
면 미안합니다. 그래도 돈에 관한 예시가 알기 쉬우니까요.

예컨대 '저금통장에 1억이 있으면 좋겠다.'고 가정해
봅시다.

그러면 우선 해야 할 일은 '나는 1억을 반드시 모을 수

있어.'라고 확신하는 것입니다. 스스로에게 확신이 없으면 목표를 이룰 수 없습니다. 이는 10억의 경우도 마찬가지입니다.

확신을 가졌다면 자문해 보세요. '저금통장에 모인 1억을 정말로 상상할 수 있어?'라고요. 상상할 수 있다면 다음으로는 1억을 모을 수 있는 행동을 취해야 합니다. 행동하지 않고서 돈을 버는 건 불가능하니까요.

가령 1억을 모으기 위해 메밀국수 가게를 열기로 했다면, 우선은 남의 밑에서 일을 배우러 가야겠지요? 1억을 10층짜리 건물이라고 치면, 가장 먼저 해야 할 일은 '1층 만들기'라고 생각하는 사람도 있습니다. 그러나 사실은 1층이 아닌 기초부터 만들어 나가야 합니다.

즉, 건물을 세우려면 우선은 땅에 구덩이를 파야 한다는 말이지요. 메밀국수 가게 하나를 열 때라도, 우선은 남의 밑에서 일을 배우는 기초공사에 해당하는 **'행동'**이 필요합니다.

만약 모으려 하는 돈이 10억이고, 이를 100층짜리 건물이라고 가정하면 지하 깊숙이 까마득한 곳까지 파야 합니다. 다시 말해, 세우고자 하는 건물이 높으면 높을수록 깊은 구덩이를 파야 합니다. 그러니 일단은 행동하지 않으면 안 됩니다.

1억을 모으고 싶은데 방법을 모르겠다면, 당장 저금통을 사 와서 하루에 1,000원씩이라도 저금하세요. 월급 중 10만 원씩이라도 저금하는 등 생각을 행동으로 바로 옮기다 보면, 점점 좋은 아이디어가 떠오르게 됩니다.

즉, 꿈은 목적지를 향해 가는 여정을 즐기며 행동하면 이뤄지기 마련입니다.

어떤 사람이 제게 일본 납세액 1위에 오른 이유는 불로소득 덕분이 아니냐고 묻습니다. 하지만 저는 불로소득을 얻는 방법 같은 건 궁리하지도 않습니다. 게다가 일본 납세액 1위도 불로소득을 통해 달성하지 않았습니다.

저는 열심히 일을 해서 납세액 1위에 올랐기 때문에 일을 해서 돈을 버는 방법밖에 모르며, 또 그 방법밖에 가르쳐 줄 수 없습니다. 불로소득을 얻는 방법은 재산을 그렇게 모은 사람한테 물어봐 주세요.

분명 그 사람에게도 나름대로의 방법이 있을 테니까요.

그러나 저는 사업가이므로 사업으로 돈을 버는 방법밖에 알려줄 수 없습니다. 따라서 제 방법으로 행동하면 분명히 성공합니다. 스파게티 가게든 뭐든 확실히 성공합니다.

성공한다고 믿으니 행동할 수 있습니다.

아무리 쉬운 일도 단번에 성공할 수는 없겠지요? 하지만 연습을 되풀이하면 결국은 성공하게 됩니다. 이처럼 몇 번이고 실패하더라도 **'나는 분명 성공한다!'**라는 확신이 있다면, 잘못된 점을 거듭 개선해 가며 성공을 향해 한 걸음씩 나아갈 수 있습니다.

개선하고, 개선하고, 또 개선할 수 있는 이유는 나는 틀림없이 성공하리라는 확신이 있기 때문입니다.

'운'도 마찬가지입니다.

스스로를 '운이 좋은 사람'이라고 생각하면 행동할 수 있습니다. 그러니 확신을 가지고 미래에 성공한 자신의 모습을 상상해 보세요. 그리고 행동하세요.

행동하는 도중에 산이 있어서 방해된다면, 생각만 하지 말고 삽을 가져와서 조금씩이라도 산을 파내세요. 전력을 다해 파다 보면 여러 가지 아이디어와 지혜가 떠오릅니다.

행동이 뒤따르지 않는 소원은 진짜 소원이 아닙니다.

자기도 모르게 행동을 하고 싶어지고, 실제로 행동하게 되어야 합니다.

이 이야기는 100번 반복해서 읽어주세요. 100번 읽으면 제 뜻을 분명 아실 테니까요.

이상입니다.

부록 2

100번 따라 읽는 마음의 주문 카드

"

우리가 에너지 넘치게 행동하기 위해서는
무엇보다도 '마음의 상태'가 중요합니다.

- 사이토 히토리 -

"

마음의 주문을 여러 번 반복해서 읽으며
충만한 에너지의 기운을 느껴보세요.

부자의 행동습관

100번 따라 읽는 마음의 주문

"마지막에 이겨야
진정한 승리입니다."

100번 따라 읽는 마음의 주문

"나에게는 엄청난 힘이
숨겨져 있습니다."

100번 따라 읽는 마음의 주문

"꿈은 작게 시작하고,
노력을 크게 해보세요."

100번 따라 읽는 마음의 주문

"이 세상은
정말 풍요롭습니다."

* 점선을 따라 자른 뒤 지갑, 냉장고, 머리맡 등에 붙여두고, 볼 때마다 읽으면서 마음속 깊이 새겨보세요.

부자의 행동습관

100번 따라 읽는 마음의 주문

"훌륭한 사람은
스스로 위대해지는 법입니다."

100번 따라 읽는 마음의 주문

"인간은
한계를 모르는 존재입니다."

100번 따라 읽는 마음의 주문

"나는 오늘도
행복의 씨앗을 뿌렸습니다."

100번 따라 읽는 마음의 주문

"마음을
넉넉하게 가지세요."

* 점선을 따라 자른 뒤 지갑, 냉장고, 머리맡 등에 붙여두고, 볼 때마다 읽으면서 마음속 깊이 새겨보세요.

부자 의 행동 습관

100번 따라 읽는 마음의 주문

**"문제가 생기면
스스로 답해 보세요."**

100번 따라 읽는 마음의 주문

**"문제가 어려울수록
계속 도전해 보세요."**

100번 따라 읽는 마음의 주문

"이대로도 괜찮아."

100번 따라 읽는 마음의 주문

**"실패란 단지
'과정'에 지나지 않습니다."**

* 점선을 따라 자른 뒤 지갑, 냉장고, 머리맡 등에 붙여두고, 볼 때마다 읽으면서 마음속 깊이 새겨보세요.

부자의 행동습관

100번 따라 읽는 마음의 주문

"행동은 언제나
자신에 대한 도전입니다."

100번 따라 읽는 마음의 주문

"인생은 자신이
뿌린 대로 거둡니다."

100번 따라 읽는 마음의 주문

"당신의 성공의 씨앗은
무엇인가요?"

100번 따라 읽는 마음의 주문

"하루를 세 번
어떻게 생각하한가요?"

* 점선을 따라 자른 뒤 지갑, 냉장고, 머리맡 등에 붙여두고, 볼 때마다 읽으면서 마음속 깊이 새겨보세요.

부자의 행동습관

100번 따라 읽는 마음의 주문

"이 지구는
행동의 별입니다."

100번 따라 읽는 마음의 주문

"그 일 참 재미있군."이라고
생각해 보세요.

100번 따라 읽는 마음의 주문

"나를 좀 더
용서하겠습니다."

100번 따라 읽는 마음의 주문

"성공할 때까지
개선하고 또 개선하세요."

* 점선을 따라 자른 뒤 지갑, 냉장고, 머리맡 등에 붙여두고, 볼 때마다 읽으면서 마음속 깊이 새겨보세요.

부자의 행동습관

100번 따라 읽는 마음이 주문

"자신의 행동에 책임을 질 사람은
자기 자신밖에 없습니다."

100번 따라 읽는 마음이 주문

"지식이나 지혜를 익혔다면
지주 꺼내서 주변에 베푸세요."

100번 따라 읽는 마음이 주문

"나는 이 일을
진심으로 하고 싶습니다."

100번 따라 읽는 마음이 주문

"매사에
전력을 다하세요."

* 점선을 따라 자른 뒤 지갑, 냉장고, 머리맡 등에 붙여두고, 볼 때마다 읽으면서 마음속 깊이 새겨보세요.

부자의 행동습관

100번 따라 읽는 마음의 주문

**"두려워도
한 발자국 내딛여보자!"**

100번 따라 읽는 마음의 주문

**"돈은 곧 에너지이다.
에너지는 무한합니다."**

100번 따라 읽는 마음의 주문

**"기운난다.
정말 기운난다!"**

100번 따라 읽는 마음의 주문

**"꿈을 이루기 위해
얼마나 집중했나요?"**

* 점선을 따라 자른 뒤 지갑, 냉장고, 머리맡 등에 붙여두고, 볼 때마다 읽으면서 마음속 깊이 새겨보세요.

부자의 행동습관

100번 따라 읽는 마음의 주문

"절대적인 긍정, 절대적인 적극"

100번 따라 읽는 마음의 주문

"언제든 어디서든 목숨을 건다."

100번 따라 읽는 마음의 주문

"어느 쪽이 더 즐거운가요?"

100번 따라 읽는 마음의 주문

"목숨이란 곧 시간입니다."

* 점선을 따라 자른 뒤 지갑, 냉장고, 머리맡 등에 붙여두고, 볼 때마다 읽으면서 마음속 깊이 새겨보세요.

부자의 행동습관

100번 따라 읽는 마음의 주문

"나는 분명 성공한다!"

100번 따라 읽는 마음의 주문

"무슨 일이든
행동이 술술 풀려나간다."

100번 따라 읽는 마음의 주문

"나는 운이 좋은 사람입니다."

100번 따라 읽는 마음의 주문

"마음이 설렌다. 가슴이 뛴다."

* 점선을 따라 자른 뒤 지갑, 냉장고, 머리맡 등에 붙여두고, 볼 때마다 읽으면서 마음속 깊이 새겨보세요.

옮긴이 이지수

역자 이지수는 고려대학교와 사이타마대학교에서 일본어와 일본문학을 공부했다. 일본어 교재를 만드는 편집자로 일하다가 번역가로 전향했다. 텍스트를 성실하고 정확하게 옮기는 번역가가 되기를 꿈꾼다. 옮긴 책으로 『사는 게 뭐라고』, 『죽는 게 뭐라고』, 『자식이 뭐라고』, 『내 생애 마지막 그림』 등이 있다.

부의 에너지를 끌어당기는 행동의 법칙

부자의 행동습관

초판 1쇄 발행 2016년 6월 21일
양장특별판 1쇄 인쇄 2020년 6월 16일
양장특별판 5쇄 발행 2024년 2월 16일

지은이 사이토 히토리
옮긴이 이지수
펴낸이 김선식

부사장 김은영
콘텐츠사업2본부장 박현미

책임편집 박현미 **디자인** 마가림 **책임마케터** 문서희
콘텐츠사업5팀장 김현아 **콘텐츠사업5팀** 마가림, 남궁은, 최현지, 여소연
마케팅본부장 권장규 **마케팅1팀** 최혜령, 오서영, 문서희 **채널1팀** 박태준
미디어홍보본부장 정명찬 **브랜드관리팀** 안지혜, 오수미, 김은지, 이소영
뉴미디어팀 김민정, 이지은, 홍수경, 서가을, 문윤정, 이예주
크리에이티브팀 임유나, 박지수, 변승주, 김화정, 장세진, 박장미, 박주현
지식교양팀 이수인, 염아라, 석찬미, 김혜원, 백지은
편집관리팀 조세현, 백설희 **저작권팀** 한승빈, 이슬, 윤제희
재무관리팀 하미선, 윤이경, 김재경, 이보람, 임혜정 **인사총무팀** 강미숙, 지석배, 김혜진, 황종원
제작관리팀 이소현, 김소영, 김진경, 최완규, 이지우, 박예찬
물류관리팀 김형기, 김선민, 주정훈, 김선진, 한유현, 전태연, 양문현, 이민운

펴낸곳 다산북스 **출판등록** 2005년 12월 23일 제313-2005-00277호
주소 경기도 파주시 회동길 490 다산북스 파주사옥
전화 02-704-1724 **팩스** 02-703-2219 **이메일** dasanbooks@dasanbooks.com
홈페이지 www.dasan.group **블로그** blog.naver.com/dasan_books
종이 아이피피 **인쇄** 상지사 **코팅·후가공** 제이오엘엔피 **제본** 상지사

ISBN 979-11-306-2987-2 (13300)